本书由
中央高校基本科研业务费专项资金
和深圳大学引进人才科研启动基金
资助

本书由
中央高校建设世界一流大学（学科）
和特色发展引导专项资金
资助

中南财经政法大学"双一流"建设文库

数│字│经│济│系│列

高新技术中小企业融资契约、研发投入与企业业绩：实验与经验证据

吴卫华　著

中国财经出版传媒集团
中国财政经济出版社

图书在版编目（CIP）数据

高新技术中小企业融资契约、研发投入与企业业绩：实验与经验证据／吴卫华著． ——北京：中国财政经济出版社，2019.12

（中南财经政法大学"双一流"建设文库．数字经济系列）

ISBN 978-7-5095-9405-6

Ⅰ．①高⋯ Ⅱ．①吴⋯ Ⅲ．①高技术企业－中小企业－企业融资－研究－中国 Ⅳ．①F279.244.4

中国版本图书馆 CIP 数据核字（2019）第 246502 号

责任编辑：武志庆　　　　责任校对：张　凡
封面设计：陈宇琰

高新技术中小企业融资契约、研发投入与企业业绩：实验与经验证据
GAOXIN JISHU ZHONGXIAO QIYE RONGZI QIYUE、YANFA TOURU YU QIYE YEJI：
SHIYAN YU JINGYAN ZHENGJU

中国财政经济出版社 出版

URL：http：//www.cfeph.cn
E-mail：cfeph@cfemg.cn
（版权所有　翻印必究）

社址：北京市海淀区阜成路甲 28 号　邮政编码：100142
营销中心电话：010-88191537
北京财经印刷厂印装　各地新华书店经销
787×1092 毫米　16 开　11.25 印张　182 000 字
2019 年 12 月第 1 版　2019 年 12 月北京第 1 次印刷
定价：52.00 元
ISBN 978-7-5095-9405-6
（图书出现印装问题，本社负责调换）
本社质量投诉电话：010-88190744
打击盗版举报热线：010-88191661　QQ：2242791300

总 序

"中南财经政法大学'双一流'建设文库"是中南财经政法大学组织出版的系列学术丛书，是学校"双一流"建设的特色项目和重要学术成果的展现。

中南财经政法大学源起于1948年以邓小平为第一书记的中共中央中原局在挺进中原、解放全中国的革命烽烟中创建的中原大学。1953年，以中原大学财经学院、政法学院为基础，荟萃中南地区多所高等院校的财经、政法系科与学术精英，成立中南财经学院和中南政法学院。之后学校历经湖北大学、湖北财经专科学校、湖北财经学院、复建中南政法学院、中南财经大学的发展时期。2000年5月26日，同根同源的中南财经大学与中南政法学院合并组建"中南财经政法大学"，成为一所财经、政法"强强联合"的人文社科类高校。2005年，学校入选国家"211工程"重点建设高校；2011年，学校入选国家"985工程优势学科创新平台"项目重点建设高校；2017年，学校入选世界一流大学和一流学科（简称"双一流"）建设高校。70年来，中南财经政法大学与新中国同呼吸、共命运，奋勇投身于中华民族从自强独立走向民主富强的复兴征程，参与缔造了新中国高等财经、政法教育从创立到繁荣的学科历史。

"板凳要坐十年冷，文章不写一句空"，作为一所传承红色基因的人文社科大学，中南财经政法大学将范文澜和潘梓年等前贤们坚守的马克思主义革命学风和严谨务实的学术品格内化为学术文化基因。学校继承优良学术传统，深入推进师德师风建设，改革完善人才引育机制，营造风清气正的学术氛围，为人才辈出提供良好的学术环境。入选"双一流"建设高校，是党和国家对学校70年办学历史、办学成就和办学特色的充分认可。"中南大"人不忘初心，牢记使命，以立德树人为根本，以"中国特色、世界一流"为核心，坚持内涵发展，"双一流"建设取得显著进步：学科体系不断健全，人才体系初步成型，师资队伍不断壮大，研究水平和创新能力不断提高，现代大学治理体系不断完善，国际交流合作优化升级，综合实力和核心竞争力显著提升，为在2048年建校百年时，实现主干学科跻身世界一流学科行列的发展愿景打下了坚实根基。

"当代中国正经历着我国历史上最为广泛而深刻的社会变革，也正在进行着人类历史上最为宏大而独特的实践创新"，"这是一个需要理论而且一定能够产生理论的时代，这是一个需要思想而且一定能够产生思想的时代"①。坚持和发展中国特色社会主义，统筹推进"五位一体"总体布局和协调推进"四个全面"战略布局，实现"两个一百年"奋斗目标、实现中华民族伟大复兴的中国梦，需要构建中国特色哲学社会科学体系。市场经济就是法治经济，法学和经济学是哲学社会科学的重要支撑学科，是新时代构建中国特色哲学社会科学体系的着力点、着重点。法学与经济学交叉融合成为哲学社会科学创新发展的重要动力，也为塑造中国学术自主性提供了重大机遇。学校坚持财经政法融通的办学定位和学科学术发展战略，"双一流"建设以来，以"法与经济学科群"为引领，以构建中国特色法学和经济学学科、学术、话语体系为己任，立足新时代中国特色社会主义伟大实践，发掘中国传统经济思想、法律文化智慧，提炼中国经济发展与法治实践经验，推动马克思主义法学和经济学中国化、现代化、国际化，产出了一批高质量的研究成果，"中南财经政法大学'双一流'建设文库"即为其中部分学术成果的展现。

文库首批遴选、出版二百余册专著，以区域发展、长江经济带、"一带一路"、创新治理、中国经济发展、贸易冲突、全球治理、数字经济、文化传承、生态文明等十个主题系列呈现，通过问题导向、概念共享，探寻中华文明生生不息的内在复杂性与合理性，阐释新时代中国经济、法治成就与自信，展望人类命运共同体构建过程中所呈现的新生态体系，为解决全球经济、法治问题提供创新性思路和方案，进一步促进财经政法融合发展、范式更新。本文库的著者有德高望重的学科开拓者、奠基人，有风华正茂的学术带头人和领军人物，亦有崭露头角的青年一代，老中青学者秉持家国情怀，述学立论、建言献策，彰显"中南大"经世济民的学术底蕴和薪火相传的人才体系。放眼未来、走向世界，我们以习近平新时代中国特色社会主义思想为指导，砥砺前行，凝心聚

---

① 习近平：《在哲学社会科学工作座谈会上的讲话》，2016年5月17日。

力推进"双一流"加快建设、特色建设、高质量建设,开创"中南学派",以中国理论、中国实践引领法学和经济学研究的国际前沿,为世界经济发展、法治建设做出卓越贡献。为此,我们将积极回应社会发展出现的新问题、新趋势,不断推出新的主题系列,以增强文库的开放性和丰富性。

"中南财经政法大学'双一流'建设文库"的出版工作是一个系统工程,它的推进得到相关学院和出版单位的鼎力支持,学者们精益求精、数易其稿,付出极大辛劳。在此,我们向所有作者以及参与编纂工作的同志们致以诚挚的谢意!

因时间所囿,不妥之处还恳请广大读者和同行包涵、指正!

中南财经政法大学校长

目 录

第1章 绪论 1
    1.1 研究背景 1
    1.2 研究目的与意义 9
    1.3 核心概念界定 11
    1.4 研究方法的选择 13
    1.5 研究内容 21

第2章 高新技术中小企业直接融资契约选择的实验研究 23
    2.1 概述 23
    2.2 理论分析和假设提出 25
    2.3 实验设计与实验过程 31
    2.4 数据分析与讨论 36
    2.5 研究结论与政策建议 42

第3章 高新技术中小企业研发资产证券化融资契约的实验研究 ... 46
    3.1 研发资产证券化融资契约概述 46
    3.2 实验假设的提出 47
    3.3 实验设计 49
    3.4 实验过程 55
    3.5 实验结果分析 58
    3.6 研究结论及政策建议 66

第4章 高新技术中小企业可转债融资契约的实验研究 68
    4.1 可转债融资契约概述 68

  4.2 理论分析与研究假设的提出 70
  4.3 实验设计 74
  4.4 实验过程 76
  4.5 实验结果分析 78
  4.6 研究结论与政策建议 85

第5章 高新技术中小企业研发投入与企业业绩——基于激励契约视角 87
  5.1 概述 87
  5.2 理论分析与研究假设 89
  5.3 研究设计 92
  5.4 实证结果 95
  5.5 稳健性检验 101
  5.6 研究结论和建议 103

第6章 高新技术中小企业研发投入、债务融资契约与企业业绩 105
  6.1 概述 105
  6.2 文献回顾与研究假设 106
  6.3 研究设计 108
  6.4 实证结果 110
  6.5 研究结论与政策建议 115

第7章 结论与政策建议 117
  7.1 结论 117
  7.2 政策建议 119

附 录 123

参考文献 157

第1章 绪　　论

1.1　研究背景

1.1.1　高新技术中小企业的融资难问题

(1) 国内关于融资难问题的研究

国内学者郭斌和刘曼路（2002）对温州市中小企业的融资情况进行调查后发现，中小企业融资主要依赖于诸如企业留存利润和折旧等自有资金，该结果与国外中小企业情形类似（Lopez – Gracia 和 Aybar – Arias，2000）。除了自有资金，中小企业还会通过借贷和以控制权为基础的亲友入股解决资金问题。周宗安和张秀锋（2006）认为，国有银行对中小企业的贷款不足造成我国中小企业融资难，从而无法实现我国信贷市场的帕累托改进，而 2003 年对上海市 1000 家中小企业进行的调查结果也显示，有 69% 的受访企业认为融资难问题影响了企业发展，仅有 21% 的中小企业能够得到一定程度的银行贷款支持。上述调查均表明我国中小企业目前面临严峻的融资难困境。

(2) 国外对于我国中小企业融资难的研究

国外也有学者针对中国中小企业融资现状进行调查。Garcia – Fontes（2005）对中国中小企业的发展和融资现状进行调查后发现存在诸多问题，包括信用体系不全、抵押物少、信用等级评估机制不完善、缺乏透明的财务审计记录且经济规模达不到银行的放贷要求。调查数据显示，2002 年我国初创企业的主要资金来源中有 55% 是自有资金，私人借贷占 31.6%，银行和农村信用合作社贷款则仅约占 23.4%，而正是上述问题导致中国中小企业面临非常严重的信用约束。

不仅如此，我国中小企业与亚洲其他发展中国家相比，融资难问题更加凸显。如 Dollar 等（2003）的调查数据显示，2003 年中国中小企业仅有 12% 的营运资金来自银行贷款，而马来西亚为 21%，印度尼西亚为 24%，菲律宾为 28%，韩国和泰国均为 26%，可见与其他亚洲国家相比，中国的中小企业仅能获得有限融资。该报告同时显示，中小企业正规融资（Formal Finance）会随企业规模的缩小而降低，所有调查国家中的中小企业均比大企业使用更少的正规融资，但是与其他国家相比，中国中小企业的这种差距则更大。

（3）国外中小企业融资难问题

Revest 和 Sapio（2012）对欧洲科技型中小企业的融资问题进行研究后发现科技型中小企业投资的资金来源主要依赖于内部资金。世界商业环境调查组曾于 1999—2000 年对超过 80 个国家的 1 万家企业（其中超过 80% 样本为中小企业）进行调查，发现将融资问题视为主要障碍的小型（中型、大型）企业为 39%（36%、32%），且这种小企业具有更高融资障碍的现实在发展中国家和发达国家均存在。Berger 和 Udell（1998）对美国中小企业的融资来源进行统计后发现，中小企业的主要融资来源包括企业所有者的权益融资、贷款、信用卡债务、商业银行和交易信用，上述各种来源共占中小企业融资的 70.10%。总之，各国学者关于中小企业融资现状的调查结果均说明，中小企业融资难问题在世界范围内广泛存在，而中国相对于其他发展中国家和亚太国家，中小企业融资难问题则更为严峻。

1.1.2　中小企业融资难的原因

20 世纪初英国学者哈罗德·麦克米伦提出"麦克米伦缺口"（Macmillan Gap），指出中小企业在发展过程中存在融资壁垒，由此开创了中小企业融资问题先河。此后各国学者开始针对这一问题展开研究和讨论，并逐渐从不同角度分析了中小企业融资难的深层次原因。具体而言，包括以下几个方面：

（1）金融压抑和金融约束造成中小企业融资难

McKinnon（1973）和 Shaw（1973）针对发展中国家普遍存在的金融发展不完全、资本市场扭曲和政府对金融的过度干预现象提出金融抑制理论（Financial Repression），认为政府会在金融压抑情况下引导资金进入自身偏好的国有经济部门或者大型项目，而非国有企业和中小企业则很难得到相应支持；Hellman 等

(1997）基于发展中国家金融市场化的失败经历，提出通过政府金融政策租金为金融市场各部门提供适当激励的金融约束理论。根据该理论，当银行各部门竞争不充分时，银行部门缺乏支持中小企业的较强激励，从而难以满足中小企业的融资需求。

（2）中小企业自身存在缺陷

李大武（2001）认为造成中小企业融资难的原因包括资产结构缺陷，具有较大经营风险，没有完整的会计制度，信息披露意识差，融资成本高等；李志（2002）认为由于我国银行业高度集中，信贷资源较为集中，而中小企业由于信贷规模小，存在严重信息不对称且缺乏足够的抵押资产，因此银行在面向中小企业贷款时往往存在成本高、抵押难和风险大等问题，从而造成中小企业难以获取银行信贷；欧阳凌和欧阳令南（2004）从我国产权制度上的差异分析中小企业融资难的原因，认为非对称信息下中小企业的私有性导致国有商业银行惜贷。

（3）信贷配给导致中小企业难以获得银行信贷资源

Stiglitz和Weiss（1981）认为，在信息不对称情形下，信贷市场必然存在道德风险和逆向选择问题，此时银行宁愿在较低的利率水平拒绝一部分借款人而不愿在高利率水平向所有借款人发放贷款，此时便出现信贷配给。Williamson（1987）则认为即使不存在道德风险和逆向选择，银行利率上升将使银行对单位贷款回报有更高预期，从而加大借款人的违约风险，这无疑会增加银行的监督成本，从而降低其预期收益，因此市场不可能存在一个出清利率，此时愿意在信贷市场支付更高利率的借款人也不可能获得贷款。中小企业存在经营风险大，还款概率偏低，贷款交易成本高的问题，银行在不了解中小企业真实风险前提下，必然会采取信贷配给，从而造成中小企业难以从银行获取信贷资源。

（4）银行的市场结构对中小企业融资的影响

Guzman（2000）通过对垄断性和竞争性银行两种极端市场结构的比较，指出高垄断性会导致逆向选择行为，在增加银行监督成本的同时降低银行放贷积极性，因此在垄断性市场结构下，银行的放贷量明显低于竞争性市场结构。而事实上，由于我国贷款市场长期被大型国有银行垄断，同时国家长期不重视中小金融机构的发展，缺乏有效的监督机制，中小企业在这种市场结构中很难获取银行的间接债务融资（林毅夫和李永军，2001）。

（5）企业成长阶段对其融资行为的影响

Berger和Udell（1998）认为，中小企业在成长过程中具有金融周期，企业在不同阶段具有不同的信息和资产规模等约束条件，越是早期的企业面临的融资约束就越紧，融资渠道也会相应更窄，但是其财务需求和选择权变化随企业成长、经验获得和信息不透明度的减弱而变化。陈晓红和刘剑（2006）分析了我国中小企业融资结构变化和融资方式的演进过程，发现中小企业在不同发展阶段，其融资结构具有周期性变化特征，在企业发展初期多依靠业主出资、政府投资和亲友借款等内部融资方式，随着企业进入成长期和信息不对称的降低，企业留存收益、业主再投资和信用担保款逐渐成为主要融资来源，企业进入成熟期后，不动产抵押贷款、非银行机构贷款和主板市场上市的融资比例逐渐增多。

从以上导致中小企业融资难的原因分析可知，金融结构发展不完善、中小企业信息不对称和抵押价值低是导致中小企业融资难的主要原因。因此，要解决中小企业融资难问题，需要完善金融体系，发展中小金融机构，从解决中小企业信息不对称、提高企业抵押价值等问题入手。

1.1.3 中小企业创新对融资的影响

（1）中小企业创新投资特征

创新被广泛认为是国家和企业在竞争中的关键影响因素（Tourigny 和 Le，2004）。而中小企业作为创新的主体正显得日益重要。中小企业以追求创新作为核心商业战略将会提高生产率，实现企业成长可能性并提高生存机会（Cefis 和 Marsili，2006）。因此，中小企业要在日益激烈的市场竞争中获得成功，需要提高参与创新的程度。但是，中小企业的创新投资行为具有特殊性，因而会对融资产生复杂的影响。

①中小企业的研发项目收益存在高度不确定性。尽管研发项目可以带来高收益，但是研发项目的高收益会伴随着高风险，因为高 R&D 投入意味着复杂而激进且未在市场上进行大范围测试的创新，这种不确定性和信息不对称会随 R&D 投资的增加而增大（Muller 和 Zimmermann，2009）。

②研发项目的质量很难评估。评估研发项目不仅需要技术知识，且投资者会面临企业所有者出于保守研发机密的需要隐瞒研发细节。这种信息不对称将导致逆向选择和道德风险，从而影响投资者提供权益或债务资本的意愿（Hall 等，2004）。

③企业创新投资的特殊性。由于创新主要源于企业的 R&D 项目投资，从这个角度而言，企业 R&D 活动可被视为创造知识的私人投资，从而使得 R&D 项目投资与其他投资有所区别。但是与其他投资一样，R&D 投资同样需要资金，且 R&D 活动具有高投资成本和低抵押价值特征（Czarnitzki 和 Hottenrott，2011）。

④创新投资具有较高的沉没成本。开展 R&D 项目具有很大的沉没成本，且调整 R&D 投入的成本也非常昂贵，因为 R&D 投资的很大一部分用于支付研发人员工资，而这些员工通常是高技术工种，雇用和培训这些员工的花销将非常昂贵，如此便导致 R&D 费用的高企和低波动性（Hall，2002）。

⑤创新企业管理层的特征。由于中小企业管理者通常对技术更为了解且具有企业家精神，因此对风险承担具有积极的态度，而且中小企业的 R&D 部门可能在决策上更具有影响力，企业的所有者人数也有限，这将使管理层有更大的决策弹性（Czarnitzki 和 Kraft，2004）。

（2）中小企业创新对融资的影响

中小企业的创新特征除了可能会对中小企业的融资机会产生负面影响，年轻企业也可能因为无法利用早期的留存收益来资助 R&D 项目而面临更多的融资约束。此外，由于年轻企业的违约风险更高，因此在通过银行进行 R&D 项目的融资时可能会受到一定的限制（Fritsch 和 Schilder，2006），当然，中小企业创新融资，需要在国内现有的金融体系去实现内源或者外源融资。

①中小企业外源融资：

a. 中小企业债务融资。一般而言，企业通过内源融资或者外源融资来资助其创新项目。但是，与一般投资不同，企业的 R&D 项目获取外源融资时往往受到更多限制，从而恶化了资本市场不完美程度，这是因为投资价值的信息不对称和创新项目所产生的无形资产恶化了 R&D 项目的融资条件（Czarnitzki 和 Hottenrott，2011）。银行等债权人更倾向于实体和诸如证券等可重新配置的资产，因为这些资产可最低限度地保证项目失败或企业破产时能够进行清算，而大部分 R&D 投资具有沉没成本且无法重新配置（Alderson 和 Betker，1996）。此外，债务融资需要稳定的现金流，这将进一步阻碍企业通过外部融资实现 R&D 投资，这是因为大部分 R&D 项目无法立即实现商业化（尤其是涉及基础研究的项目），而可能需要在获得初次回报之前持续投资多年（Hall，2002）。实证研究也发现企业负债率与 R&D 投入强度之间的负相关关系，而这一结果无疑揭示了一个事实，即当这些中小企业无法获得新的外部融资，同时还需要偿还现有债务时，其 R&D 活动会减少（Czarnitzki 和 Kraft, 2004）。

b. 中小企业权益融资。除了外源融资中的债务融资，也有研究表明，通过权益融资资助 R&D 也可能有很高的成本。如 Myers 和 Majluf（1984）就提出，由于存在信息不对称，企业在筹集新股本时需要考虑与双方信息不对称程度相关的"柠檬溢价"（Lemons Premium）。Muller 和 Zimmermann（2009）基于 6000 家德国中小企业的数据，使用银行竞争集中度作为控制内生性的工具变量，分析了中小企业 R&D 活动中权益融资的重要性，发现更高的股权融资水平将有利于增加企业的研发投入。同时，作者发现股权融资对年轻企业会产生更大影响，因为对于需要依赖企业所有者的原始股进行创新投资的年轻企业而言，股权可能是一种制约因素，而这些企业还未开始累积留存收益，很少依赖外部融资。

②中小企业内源融资。在外源融资中的债务和权益融资均存在较大的困难时，内部融资就成为 R&D 投资最偏好或者唯一可行的选择。虽然内源融资成本较低，但是却具有一定的局限性。Schumpeter（1934）首先指出通过内源融资支持 R&D 活动可能存在的问题，他强调竞争市场无法长期给企业的 R&D 提供足够金融资源，而通过暂时性的垄断收益来支持未来 R&D 活动则十分必要。因此，如 Hall（1992）所指出的，正的现金流对于 R&D 而言比其他投资更为重要。Petersen 和 Carpenter（2002）基于 1600 家小型制造业企业对内源融资与小企业增长之间的关系进行了检验，发现一般的小企业均会保存其所有收益，获得的外源融资极少，而这些企业的资产增长率与现金资产比基本相当。在大多数小企业均依赖于内源融资的前提下，企业增长会因内源融资的有限可得性而受到一定的限制。

③金融体系与中小企业创新。金融市场对中小企业创新推动和促进作用，基本集中在以下几个研究方向：

a. 金融市场发展与企业创新资源的配置。金融市场可通过资源的有效配置，将社会资金配置到需要大规模投资的创新项目中。Bencivenga 等（1995）对资本市场、技术创新和经济增长问题进行研究，发现金融市场的效率会通过影响市场对企业技术创新的选择来影响国家经济增长。金融市场的交易活跃度在交易成本较高时将会降低，从而倒逼市场选择研发期限较短的技术创新投资行为，只有当金融市场活跃度达到一定的水平之后，金融市场才会表现出对研发期限较长的技术创新投资的偏好，而这种高投入高产出的技术创新活动往往会带来较高的利润，从而有利于国家经济增长。Morck 和 Nakamura（1999）认为，商业银行在解决企业融资方面存在不足,而金融市场可通过引导作用将金融资源配置到企业创新活动中,因而更适合具有高风险特征的创新研发投资活动。Allen 和 Gale(2003)认为,由于投资观点和风险程度是决定金融市场和商业银行绩效的关键,因此对于新兴产业或者难以获取信息的产业而言,通过金融市场可以寻找到不同风险偏好的投资者,从而顺利实现融资。

b. 金融市场的信誉资本对企业创新的促进作用。Michelacci 和 Suarez(2004)认为,金融市场可通过风险资本家的财富、专长和名望来促进企业的创新和成长。这是因初创企业因面临较高的信息不对称和激励成本,因此在上市时比成熟的企业具有更高的成本。在上市前,初创企业可通过银行与风险投资家等监督者合作来获得融资,直到企业经营前景改善或激励问题有所缓和。初创企业越早上市,则银行和风投等监督者则可能越快的将信誉资本转向其他初创企业,因此在信誉资本供应不足时,企业往往会寻求商业创新(Business Creation),而由此带来的技术性溢出和新企业因上市带来的外部性利润将鼓励企业上市,最终促进企业融资并投入新的研发项目。

c. 金融体系的融资多元化与中小企业创新风险规避。Saint – Paul(1992)认为资本市场可通过多元化来分解企业创新风险,商业银行在无资本市场时只能通过选择技术多元化的企业来分担并控制风险,而这种多元化会导致多重均衡,如此便容易造成低水平均衡上的企业融资不足且技术专门化也较低,但是在高水平均衡上则会产生相反的效果,造成企业投资过度。因此,资本市场可利用资本供给来调节这种均衡,从而满足各类型企业的融资需求。King 和 Levine(1993)认为,金融体系的流动性和变现的便利性能够帮助企业通过资产组合的方式来规避并化解因技术创新的高风险和高度不确定性所带来的收益风险,从而促进社会资本流向企业的创新活动。

d. 金融市场中的风险投资对企业创新的促进作用。作为金融市场的重要组成部分,风险投资可在弥补中小科技型企业的创新资金缺口中发挥重要作用(Himmelberg 和 Petersen,1994)。Aghion 和 Tirole(1994)等学者认为,高科技企业在早期阶段的最大发展瓶颈在于融资约束,因为对于资金提供者而言,高科技企业在早期发展阶段会面临诸多风险,包括产品市场认可度不高、行业技术和结构更新快、企业家缺少管理经验和企业无形资产占比过高等,当金融市场中高科技企业的风险承受能力较低时,其投资和贷款意愿将会降低。在这种情况下,风险投资机构和天使基金等风险承受能力较高的资金提供者将发挥独特优势来弥补高科技企业的资金缺口。Keuschnigg 等（2004）认为，由创业者提供关键技术而由风险资本家提供资金和管理经验的契约形式，将有效提高企业的创新投资水平并促进企业的技术创新。

总结上述研究可知，以企业的 R&D 投资为主的中小企业创新活动容易受到融资约束。而由于中小企业的固有特征，在其内源融资不足时，通过金融市场中的债务和权益等外源融资解决融资难问题也存在一定的局限。

1.1.4 中小企业创新与企业业绩的关系

Schumpeter（2013）提出的技术创新理论认为，经济系统存在破坏性创造的过程，即经济系统均衡状态会不断被技术创新带来的变革所打破，然后进入新的均衡状态。这种破坏性创造的技术创新理论说明技术创新对经济系统具有非常重要的决定作用。

企业研发投入与财务绩效之间的关系，建立在技术创新理论的基础之上。具体而言，企业的创新活动包括产品、技术、市场和材料四个方面的创新及其组织结构的创新，这些因素的创新和组织结构的创新会对市场资源进行优化并实行有效配置，从而推动企业生产效率的提升和促进经济增长。从 Schumpeter 的技术创新理论可知，技术创新是推动经济发展的重要动力，而各国的市场实践也充分证明，那些重视企业创新研发活动并投入大量资源进行创新的企业不仅能够对生产成本进行有效控制，提升生产效率，而且可以有效提高产品的附加值，如品牌溢价，从而提高企业业绩。一般而言，高新技术中小企业投入大量资源进行研发，会提升企业的业绩。主要表现在以下几个方面：

（1）企业创新研发可以通过产品性能和附加值的提升来提高企业业绩。这是因为，通过创新研发，可以推出具有更佳性能的产品，提升附加值，从而促进企业产品市场接受度和认可度的提高。在此基础上，企业能够通过好的产品与消费者的实际需求和消费期望进行对接，从而提高企业产品的市场份额，提升企业的产品竞争力，构建核心竞争优势。此外，企业研发创新所带来的产品性能提升和附加值的提高，有利于企业通过差异化产品战略来打破市场壁垒，实现差异化的销售价格，提升企业的经营业绩。而销售业绩的提升，能够直接表现在企业各项财务数据上。由此可见，企业通过研发创新投入，提高产品性能与产品附加值，从而推动企业业绩的提升。

（2）高新技术中小企业研发创新能够革新生产工艺，优化生产流程，提高生产效率。企业投入更多资源进行研发创新，带来生产工艺的变革，优化企业产品的生产流程，意味着在企业生产过程中，运用同样的工作量能够带来更多的产量，且完成这些产量所需要的经济成本和人力成本也更低。此外，生产工艺和流程的改进也可以对生产材料的使用和浪费情况进行严格控制，促进企业成本进一步降低。更低的成本在企业财务绩效上体现为更高的利润空间，因此，从财务业绩方面来看，研发投入能够通过提升生产效率、改进生产工艺等措施降低成本，从而提升企业业绩。

（3）高新技术中小企业可通过加大创新研发推动企业组织结构和管理模式的优化，从而提升企业业绩。在"互联网+"经济时代，更高效的组织结构和管理模式能够让企业始终领先于对手。在更高效的组织结构和管理模式下，企业能够利用信息化技术对采购、生产、销售、售后等各项流程和服务进行有效控制，从而降低采购成本，节约生产成本，控制销售成本，保证售后成本，显然，这些成本的降低将有效提升企业的业绩。由此可见，企业可以通过更大的研发支出来优化企业的组织与管理工作，为企业提升业绩提供相应保障。

综上，企业研发投入对企业业绩有着不可忽视的影响，甚至决定性影响。我们有必要针对两者之间的关系，针对性地挖掘研发投入影响企业业绩的路径，厘清企业研发投入对业绩的影响机理，提供相应的实证证据，为我国中小高科技企业以及市场监管层提供相应的理论依据。

1.2　研究目的与意义

1.2.1　研究目的

（1）利用实验室实验研究，结合前人理论研究结论，发挥实验室实验研究在机制设计和前瞻性政策检验方面的独特优势，模拟研发资产证券化债券、公司债、可转债和股票融资的融资情境，以检验前人理论研究中的研发资产证券化债券和可转债是否能够起到相应的激励效果，以及股票、可转债和公司债等多种融资契约的适用情境及前提。同时，本书重点研究在实际决策情境和心理认知的影响下，研发资产证券化契约中金融中介和投资者的投入水平差异、不同条款和控制权相机配置机制对可转债契约中企业家和投资者投入水平的影响、以及信息不对称和不同谈判力情形下投融资双方的决策差异。

（2）实证检验高新技术中小企业研发投入对企业业绩的影响，以及企业研发投入、债务融资契约与企业业绩之间的关系，为制订债务融资的信息披露政策提供经验证据。高新技术中小企业融资的主要目的在于将募集到的资金投入企业研发创新中，从而构建核心竞争力，因此，需要针对融资契约、企业研发投入与企业业绩之间的关系进行分析，验证三者之间的相互影响逻辑和内在运行机理。因此，本书以创业板上市公司作为研究对象，手工搜集数据，应用经验研究方法验证中小高科技企业的研发投入与企业业绩之间关系，并且以债务融资为切入口，研究研发投入、债务融资与企业业绩之间的关系，从而为高新技术中小企业融资契约、研发投入与企业业绩之间的内在逻辑提供经验证据，同时为企业经营管理者和政策制定者提供相应的借鉴。

1.2.2 研究意义

目前我国中小高科技企业主要以股权形式进行融资。企业通过这些融资方式支持创新研发，不仅融资成本高，而且投资者承担的投资风险较大，直接导致目前交易流动性不足，融资效率低下，不利于高科技企业创新研发和成长壮大。本书首先根据中小企业融资的特征，从私有信息和谈判力特征出发，构建中小企业直接融资契约的实验研究，用来对比中小企业在股票、可转债和公司债这几类基本融资契约中如何根据私有信息情况和谈判力情况进行融资契约选择；然后根据 Malamud 等（2013）和 Wang（2009）模型的相关研究结论，提出研究假设，然后设计中小企业研发资产证券化融资契约和不同类型可转债的融资契约，旨在根据中小企业不同发展阶段，验证不同类型的融资契约对投融资双方有何激励约束效应。最后，本书选择我国创业板上市公司作为研究对象，检验高新技术中小企业研发投入对企业业绩的影响，以及企业研发投入、债务融资契约与企业业绩之间的关系，以提升上述融资契约的效率，为我国管理层在制定有利于帮助高新技术中小企业实现融资的相关融资政策，创新风险共担机制，预防系统性风险和完善投资者保护机制，建立良性发展的债券市场等方面提供一定借鉴。本书研究结论为提高高新技术中小企业融资效率，真正实现金融体系对技术创新的支持并最终实现创新型国家战略而言具有重要的现实和理论意义。

1.3　核心概念界定

（1）中小高科技企业（Small and Medium – sized High – tech Enterprise）

借鉴 Little（1977）对基于新技术的企业（New Technology – based Firms）的定义，本书将中小高科技企业定义为：在国家重点支持的高新技术领域内，符合我国《中小企业划型标准规定》和《高新技术企业认定管理办法》相关标准，进行高科技研发和高附加值产品生产和销售的经济实体。这类企业往往处于新兴技术前沿，在研发的每个阶段均需要大量资金支持，高风险和高收益并存，本书在实验室实验中对中小高科技企业的设定将反映此特征。在经验研究部分，指的是"全国中小企业股份转让系统"也即新三板和创业板中获得"高新技术企业"认证的企业。

（2）研发和研发资产（R&D and R&D Assset）

借鉴 Allen（1992）对 R&D 的定义，本书将中小高科技企业的研发活动定义为：企业为了改进现有产品和流程或者开发新产品或流程而从事的研究型活动。借鉴 Fernandez 等（2012）的定义，本书所及研发资产涵盖的范围包括：为了支持研发活动所购入的固定资产（如仪器、设备）[①]、由研发活动所产生的无形资产（如各种专利设计）以及研发项目成功后若干年的预期现金收益权。

（3）研发资产证券化（R&D Asset – backed Securitization）

借鉴 Fernandez 等（2012）和 Fagnan 等（2013）构建的研发资产证券化债券融资模式，本书将研发资产证券化（Research – backed Securitization）定义为：高科技企业以研发资产作抵押向大型投资基金（Megafund）贷款，大型投资基

[①] 用于研发活动的仪器、设备范围口径，按照《国家税务总局关于印发〈企业研究开发费用税前扣除管理办法（试行）〉的通知》（国税发〔2008〕116 号）或《科学技术部财政部国家税务总局关于印发〈高新技术企业认定管理工作指引〉的通知》（国科发火〔2008〕362 号）规定执行。

金付出一定的努力水平，审查并筛选合适的抵押贷款进入资产池①，再将池中贷款打包设计成高中低三个等级（即不同风险和收益）的债券出售给投资者以获取资金，并将这些资金贷给高科技企业，用以支持企业研发活动（见图1-1）。在此过程中，投资者除支付债券的票面价值，还需要根据违约情况向金融中介支付一定的报酬，以补偿其付出的努力。

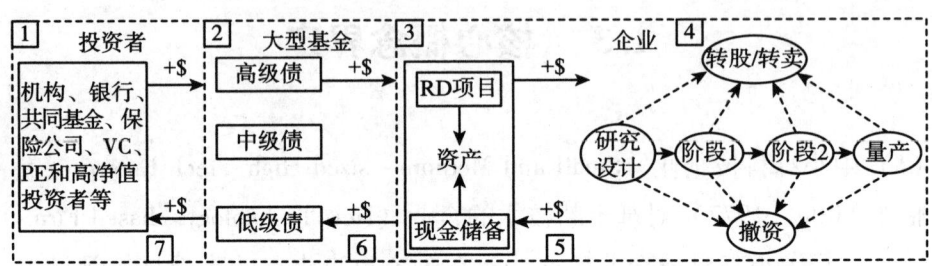

图1-1　研发资产证券化的商业结构和现金流向

资产证券化的本质是一种融资制度安排，其表现形式则是通过能够产生持续而稳定现金流的标的资产对所发行的证券进行支持。因此，本书中的研发资产证券化也以未来能够产生持续稳定现金流的研发资产作为标的资产，通过打包分层等技术处理，将不同等级和具有不同优先度要求权的债券投放到资本市场从而实现融资。

（4）金融中介（Financial Intermediary）

借鉴Tufano（2003）和Malamud等（2013）的定义，将金融中介定义为构建研发资产证券化债券的大型投资基金（Megafund）。该基金向高科技企业贷款，同时该大型基金作为金融中介负责审查并筛选进入资产池中的贷款，然后将这些对应不同研发资产的抵押贷款进行打包，做资产证券化处理后出售给市场上的投资者以获取资金，并将这些资金向高科技企业发放贷款。需要说明的是，根据上述金融中介定义，大型投资基金与企业之间实际上是债权人和债务人的关系，理论界对债务双方之间的博弈关系（包括控制权的争夺等）研究已相当成熟（Hart和Moore，1990；Aghion和Bolton，1992；Laffont和Tirole，

---

① 李旭和余璐玥（2011）和蔡虹和许晓雯（2005）测算出我国企业的平均R&D周期为4年；我国2008年底修订的新《专利法》第四十二条则规定发明专利权的期限为20年。从数据上看，我国一般高科技企业较Fernandez等（2012）所提及的药企平均研发周期更短，但未来的现金流收益保证则更长。此外，本文选择以研发资产和未来现金收益为抵押的贷款证券化，是考虑到企业仍然是债务融资模式，只不过融资成本和投资者风险更低，且不涉入股投资的控制权问题，如此设定也是符合创新投资中投融资双方的利益诉求。

1988），而投资者和金融中介之间的风险收益错配和激励失衡问题却一直未引起重视。因此，本书重点研究金融中介和投资者之间签约前的逆向选择和履约过程中的道德风险问题，以降低投资者风险，提高融资效率。

1.4 研究方法的选择

1.4.1 实验研究方法

（1）实验研究方法概述

长期以来，自然科学研究领域一直借助于实验方法来验证科学规律。然而随着近半个世纪以来实验经济学的兴起和发展，以及社会科学和自然科学交叉研究的需要，实验研究方法也逐渐被引入社会科学的研究中，尤其是涉及社会学、心理学和行为经济学的交叉学科，通过实验研究方法往往能够对相关理论进行验证。

经济学家Chamberlin为了验证市场的不完全属性，于1948年在哈佛大学创造了第一个课堂市场实验。1962年，在Chamberlin市场实验的启发下，Smith（1962）开始运用实验方法研究市场机理方面的问题，他认为实验室能够模拟真实的微观经济系统，而在实验中观察到的行为则能够检验经济理论。尽管实验经济学经历数十年发展已经取得了巨大成就，但是直到Smith因其将实验方法引入经济研究领域而带来的经济学研究方法的重大变革而获得2002年诺贝尔经济学奖，实验研究方法才真正成为经济学研究的前沿并被主流经济学界所认同。传统的经济学认为社会科学不具备运用实验进行检验的条件，但是实验经济学却认为实验能够再现经济理论所依赖的环境和机制，通过相关实验数据的数理统计结果来检验相关理论。实验结果与理论预期的契合度越高，则说明理论具有更高的真实度；反之，若实验结果严重偏离理论预期，则说明该理论模型的设定可能存在一定的问题。

实验经济学强调经济学理论的可实验性并遵循实证主义传统。Smith（1994）提出在用实验研究方法研究经济问题时，需要将其与理论模型统一起来，通过构建微观经济系统来模拟环境、制度并观察实验参与者的行为，其中环境和制度属于可控因素，而行为则受前两者影响。Smith 认为，实验经济学是运用实验方法在具有显性或隐性社会规则和制度背景下对人类相互作用的决策行为进行研究。为了更好地控制环境和制度变量的影响，Smith 还提出了设计实验的若干规则来保证实验研究的规范性和科学性，以提高实验的效度，包括激励的单调性和显著性、实验的支配性和隐私性以及实验的可重复性。

传统经济学研究注重经济问题的数学演绎和计量分析，实验研究方法是对上述两种数理研究方法的补充和拓展。数学演绎方法虽然可以通过大量的经济学模型来探析经济理论，但是由于现实经济数据具有无法重复检验和无法控制两大缺陷，因而无法完全通过现实经验数据来对经济理论进行验证。实验研究方法可重复和可控制的特征则可以弥补上述缺陷，因实验参与者可在相同环境下进行多次重复实验且可以控制研究变量以外的其他因素对实验结果可能造成的影响，因此实验研究人员可在理想的实验环境中检验经济理论的正确性（Yavas 和 Sirmans，2005）。目前，作为经济学的一个重要分支，实验经济学研究也越来越趋于科学和规范化。同时，实验研究也因其可重复和可控性，作为一种廉价的检验新的经济制度的试错方法（董志勇，2008），在经济理论研究和经济政策制定方面也发挥着越来越重要的作用。

（2）实验设计的基本理论

①价值诱导理论。在市场实验中，对假说进行检验时需要控制受试者的偏好，这无疑将存在一定的困难，因买卖双方对收益和损失的评价标准不一，而研究人员却无法观察到双方的评价标准。这种无法被观察到的受试者偏好会影响受试者的决策，因此即使需求函数已经给定，受试者仍然可能不会依照该函数曲线简单地进行决策。Chamberlin（1948）提出了解决这一问题的方法，即利用"价值诱导法"（Induced - value Method），为每个实验参与者提供货币刺激。但是真实世界中的价值与实验提供的货币刺激往往存在巨大的数量差异，因此 Smith（1976）在 Chamberlin 的基础上进一步发展了"价值诱导法"，在实验中不仅特别强调金钱激励的重要性，也注重通过合理的激励设计以提高实验结果可应用到现实经济世界中的概率。这种方法的一个关键在于，通过为受试者提供合理的激励，使之能够按照研究人员的意图采取行动。除此以外，Smith（1976）还强调为了让受试者熟悉并理解实验环境，将实验设计成重复实验的重要性。

②锦标赛激励理论。合理的价值诱导是一个实验室实验能否成功的关键。但是选择一个货币激励的合理基础，也有利于受试者按照研究人员意图进行决策。目前组织激励计划越来越多地采用竞争性排名竞赛的薪酬激励机制，如以高额奖金或职位提升作为胜利者的报酬（Lazear，2000）。这种排名竞赛激励机制通常被称为锦标赛理论（Tournament Theory）。Harbring 和 Irlenbusch（2003）认为锦标赛理论以竞争排序为基础，代理人根据相对业绩获得对应的报酬。Bull 等（1987）发现排序锦标赛理论在实验室实验中能够很好地解释受试者的一般行为。因此，本书的证券化实验和可转债实验均主要采取基于排名顺序进行货币刺激的激励方式，对不同角色的受试者最终累计收益分角色进行排名，并基于该排名对实验参与者进行价值诱导和激励。

（3）目前针对实验室实验的质疑和解答

Fehr 和 Falk（2003）认为，实验室实验可通过高度控制实现良好的内部效度。然而，目前仍然有许多学者针对实验室实验的外部效度问题，提出了两点质疑：第一，实验室构建的微观经济环境是否具有普适性，从实验中得到的样本数据是否具有代表性？第二，目前绝大多数实验室实验的参与者均是高年级本科生或低年级研究生，是否能够代表真实经济世界的决策者，从而保证实验室实验的外部效度？

①实验室实验的效度问题。实验研究方法通过提炼现实资本市场情境中的本质经济特征，设计并构建出相对简化的实验室市场环境，然后选择真实的人参与实验以获取分析数据。在此过程中，实验设计者可以基于研究问题的需要对部分市场因素进行控制，进而可以对各个市场因素的独立作用开展分析。对市场环境的简化模拟和对市场因素的可控设置，正是实验经济学对传统经验研究框架的突破所在，使实验室实验可用于对一些传统研究方法无法解答的问题（如本书研究的研发资产证券化债务融资契约问题）展开分析。但也正是实验研究方法具有简化现实市场情境和人为控制市场条件的特性，致使部分学者对基于实验室市场得出的研究结论是否有效存在疑虑。

针对一些学者关于实验室实验内部和外部效度的质疑，Plott（1982）曾指出实验室实验中的经济决策是由真实的人在真实的规则约束下为了真实的利益所做出的决策，实验室市场环境与现实之间的唯一区别就是由抽象带来的简单化。而在对现实世界进行描述、归纳和分析的过程中，如何合理地抽象化是每种研究方法都面临的问题，不同研究方法对现实的抽象程度有所不同，其中以数理模型分析方法的抽象化程度最高。由此可见，对现实进行抽象的简单化处理并不能作为否定实验研究有效性的理由。经济学领域的数理模型研究，虽然对现实中的经济关系进行了高度抽象简化，但仍得到了广泛认可，其关键在于数理模型研究在其抽象化过程中抓住了各变量之间经济关系的本质。同理，与数理模型分析一样，实验研究方法作为研究手段和工具，其方法本身与研究效度并不存在必然联系，决定一项实验研究是否有效的关键在于该实验是否把握住了研究问题的经济本质。对于这一观点，Falk 和 Fehr（2003）提出，内部效度其实是一个实验设计问题，通过严格控制实验、合理设计且使用正确得当的数据计量分析方法，内部效度问题自然可以得到有效解决。相对于内部效度，实验研究更应注重解决外部效度问题，即从实验室实验的模拟经济环境中得到的研究结论是否能够应用到一般世界中。对此，Falk 和 Fehr（2003）认为，只要实验诱导的原则成立，即使出现新情况，行为规则仍然会成立，外部效度就存在；只要实验能够模拟出现实经济世界的本质条件，则存在外部效度。因此，要实现内部效度和外部效度，只能通过提高并保证实验设计的科学性来实现。持有相同观点的还有 Friedman 和 Cassar（2004），他们也认为实验室市场环境与真实世界的差异并非不可跨越，只要通过合理科学的实验研究设计，就可以保障实验研究结论具备良好的内外部效度。因此，通过提高并保证实验设计的科学性，可以实现内部效度和外部效度。实验室实验所产生的证据能否作为政策依据，即实验室实验成败的关键之处就在于让实验环境尽可能接近自然状态。

万迪昉（2005）认为，为了保证实验结果的精确性，实验研究必然会对经济环境和制度设置等外部变量进行严格控制，从而违背或者破坏事物的自然发展，这种情形将会导致实验内部效度和外部效度在一次实验中难以两全，这种此消彼长的关系只能通过重复实验来解决，即在研究假设得到支持的前提下，通过不断放松严格控制的实验条件，并进行反复多次实验来实现实验的内部效度和外部效度。

②实验参与者：

a. 学生和专业人员作为实验室实验参与者不存在显著差异。由于学生相比专业人员更易招募，作为实验参与者可以快速理解实验规则且招募成本较低（Falk 和 Fehr，2003），因此目前国内外的实验室实验主要以高年级本科生和低年级研究生作为实验的参与者。这就衍生出目前针对学生参与者最主要的质疑，即以学生作为实验参与者得到的实验结果是否具有代表性（Falk 和 Heckman，

2009），使用在校学生作为实验室实验的参与者，是否符合现实经济环境和规律，学生与经验丰富的专业人员在面临相同情境时是否能够作出相同的决策？质疑者认为与具有经验的专业人员相比，学生在现实经济情境中并不具备处理相关问题并作出决策的经验。为此，实验经济学家针对这一质疑进行了专门的研究。其实早在1966年，Dyckman在研究企业估值问题时就发现，学生和商务人员会基于相同的考虑因素做出相似的决策行为（Dyckman，1966）。在随后的类似研究中，Mock（1969）、Hofstedt（1972）和Dickhaut（1973）等人也发现在实验中学生和专业人员的决策并未表现出显著差异。Baldry（1987）在实验中发现，由于不同个体在实验中的认知过程并无差异，因此学生作为实验参与者与其他受试者相比并未表现出不同反应。Liyanarachchi和Milne（2005）发现，不管是长期投资决策还是短期投资决策，学生与实务人员并不存在差异。Ashton和Kramer（1980）、Houghton和Hronsky（1993）均发现学生在决策任务类的实验中总是能够有效替代专业人员。Croson（2002）认为，现在参与实验的学生未来也将是专业人员，学生也是自然人（Real People），成长于真实世界，仅仅是更为年轻而已，因此用学生作为实验对象是合理的。

为了研究学生与经验丰富的专业人员之间是否存在根本性差异，实验经济学家也做了专门研究。Dyer等（1989）、Smith等（1988）以及Mestelman和Feeny（1988）在实验中招募真实证券从业人员，发现这些人员与学生的决策之间并不存在差异，但是真实证券从业人员的招募费用却高得多。Cooper等（1999）用中国学生和国企经理和白领工作者（White-collar Worker）进行了棘轮效应博弈（Ratchet Effect Game）实验，发现不管是学生还是国企经理层人员均收敛于混同均衡（Pooling Equilibrium），即学生与国企经理层人员之间的差异会随时间推移而逐渐消失，且学生达到均衡点所花费的时间比具有丰富经验的国企经理人员要短。此外，List（2003）和Fehr和List（2003）分别在其禀赋实验和显性激励实验中发现，虽然学生和专业人员的实验结果会存在一定的差异，但是这种差异并非本质差异。Locke（1986）在实验中发现，在对目标、反馈和参与等方面反应上，学生与公司雇员之间存在高度相似性，因此他认为将学生作为实验参与者得到的实验结论可以一般化到现实世界中的其他情形。

相反，也有一些学者认为与专业人员相比，将学生作为实验室实验参与者具有一定的优势。比如Dyer等（1989）、Plott和Porter（1996）以及Wartick等（1999）均认为将学生作为实验参与者，会较少受到参与者主观偏差的影响。因为实验研究的关键在于努力避免参与者引入相关经验等其他角色变量而导致实验中对参与者的主观偏好失去控制，从而影响实验结果。高年级本科生和低年级研究生经过多年教育和专业知识训练之后，其性格和决策思想均趋于稳定。实验室实验往往是研究经过抽象的问题，并非具体知识相关的操作技能和技巧，学生缺乏相关从业经验并不会在本质上影响实验的效度（Wartick 等，1999）。此外，学生学习过程具有探索精神，会在实验中利用已有知识认真决策，并在实验激励机制下及时调整下一期决策行为，这种决策过程得到的实验结果能够更多地反映内在规律。而专业人员更多的是根据自身的从业经验作出判断，由于专业人员的从业背景多样，这种依经验做决策的实验结果可能存在一定的差异，因此使用专业人员作为实验参与者所得到的结果可能会偏离内在规律而更多的反映其决策中的经验成分，从而降低实验结论的实际价值。

b. 实验室实验选择专业从业人员存在一定的困难。一般而言，实地实验（Field Experiment）主要以专业人员作为实验参与者，而实验室实验则主要使用学生。导致这种现象的最主要原因包括：第一，让众多专业人员在统一时间参与实验室实验难度非常大；第二，Plott 和 Porter（1996）认为，学生不存在思维定势，而专业人员由于长期从事自己的职业，决策上的思维定势，这将影响实验结果。实际上，实验室实验不是现实世界的简单复制也无法复制，它是在一定的理论指导下抓住现实情境中的最主要因素进行情境模拟。专业人员的思维定势将使得他们一开始就认为实验本身并不符合实际，因而实验不具有价值。同时他们会过多地带着现实世界的激励和制度而非实验设定的准则进入实验，这种先入为主的态度会使专业人员无法认真对待实验设计，也不会认真作出决策，导致专业人员参与实验的价值将大打折扣；第三，Friedman 和 Cassar（2004）认为很难对参与实验室实验的专业人员进行有效激励。由于专业人员收入和机会成本较高，要想实现对专业参与者的有效激励，需要为他们提供非常高的激励水平；或者高收入的专业人员对实验货币激励并不敏感，导致绝大多数实验研究人员提供的货币报酬无法对他们产生激励作用。考虑到经济行为的本质在于激励，因此没有有效激励将无法保证专业人员在参与实验时能够认真付出。

c. 以学生作为实验参与者所取得的研究成果。实验室实验作为新兴的研究方法虽然仍受到了一些学者的质疑，但其发展速度却是前所未有的。大量以学生作为实验室实验参与者进行的研究成果被刊登在主流的经济学和金融学期刊上，包括但不限于《中国社会科学》《经济研究》《管理世界》《金融研究》《南开管理评论》《管理科学学报》《管理工程学报》等国内权威期刊和 *Econometrica*、*The Accounting Review*、*American Economic Review*、*Management Science* 和 *Journal of Finance* 等国际顶级学术期刊。研究内容包括但不限于投资者对资产的估值、市场信息整合和传播效率、管理层信息披露对投资者决策的影响、融资契约、股票交易、融资行为等问题，这些研究内容和实验设置比本文实验具有更高的复杂度，仍然得到了学界的广泛认可。

借鉴国内外的研究，我们发现实验室实验是进行股票和债券市场中的投资者行为相关研究的最有效手段之一。综合以上观点，本书认为，以学生作为实验参与者的实验室实验具有参考价值，但是需要小心解释实验结果。

1.4.2 经验研究方法

实证（经验）研究方法通常运用于研究者提出理论研究假设或者验证研究假设的过程中，需要研究者搜集观察资料或者数据。实证研究方法有广义和狭义之分，广义的实证研究方法指的是以计量模型作为基础，将经济理论或数理模型改造成适于经验检验的方式并利用自然产生的现实数据来分析和确定有关因素之间的数量关系及相互作用方式，从而实现统计意义上的经济理论预测与实际测算之间的衔接（Haavelmo，1944）。换言之，实证研究方法是通过计量经济模型的方式将经济理论应用于现实数据，从而实现对经济理论的经验数据支持，并获取相应的数值结果（Tintner，1968），改善公众对于经济学理论空洞的印象，深化人们对经济理论的一般认知。然而，实证研究方法也存在一定的缺陷：第一，实证研究仅能检验现实世界中行为人对既有经济政策的反应，而当政策制定者需要了解行为人对可能存在的政策作何反应时却无法提供经验支持；第二，现实世界中某个变量可能与多个不同变量存在同向变化的一致性，这将很难隔离其他变量的增量效应（Kachelmeier 和 King，2002）。因此，实证研究在解释经济政策对经济行为产生的影响时具有一定局限性；第三，基于自然经济现象所产生的数据进行实证研究需要运用复杂的计量经济学模型来解决多重共线性、内生性以及异方差等问题（Friedman 和 Cassar，2004），但是实验室实验则是尽可能控制外生因素的影响，因此获得的是较为清洁的数据。

1.4.3 选择多种研究方法的必要性

从上述实验室实验和经验研究方法的评价和讨论来看，两类研究方法非但不是孤立使用的，反而是以互补形式而存在。经验研究可以通过为理论研究提供数据支持而改变人们对于经济学理论过于刻板和空洞的印象（Gujarati，1996）。但是自然经济现象所产生的数据并不能保证研究者观察到关键变量所带来的影响或者将不同变量的影响进行严格区分（Fridman 和 Cassar, 2004），而且经验研究只能验证现有经济政策所引起的反应，无法验证自然行为人对未来可能政策的反应。实验室实验则可以解决这一问题，即通过控制其他条件，对既有政策和备选政策之间的差别进行有效研究（Kachelmeier 和 King, 2002），当需要验证现实中不存在的政策（如本书提出的中小高科技企业通过研发资产证券化债券和可转债契约实现融资的政策）对行为人和市场的影响时，可以借助实验室实验来模拟现实的政策环境，从而帮助研究者验证备选政策可能产生的经济结果。因此，可认为实验室实验为经验研究模拟经验背景，同时产生相应的经验数据，而这种数据的采取方式就如系统仿真和调查问卷为经验研究所提供的证据一样科学可靠（Camerer, 2008）。实际上，实地和实验室实验两种实验研究方法并非对传统经验研究的替代，而更像是一种补充（Falk 和 Fehr, 2003）。因此，我们认为经验研究和实验研究在一定程度上是统一且互补的，而并非截然分开。总而言之，基于自然经济现象产生数据所进行的经验（实证）研究是对既有政策和相关机制的经济后果进行验证，而实验室实验则能够通过控制条件和虚拟环境为未来政策所产生的可能影响提供验证和探讨。因此，实验室实验方法在研究一些前瞻性问题时是无可替代的。

1.4.4 本书研究方法选择

本书将根据各章研究内容，选择实验室实验和经验研究方法。具体而言：
（1）实验研究。本书提出基于信息不对称和谈判力的直接融资契约（包括公司债、股票和可转债融资契约）、研发资产证券化融资契约和控制权相机配置的可转债融资契约均属于超前研究，现实中无现成经济数据加以检验。本书基于实验经济学原理，利用高度可控的实验室实验方法，设定经验研究中无法得到的模拟经济环境并克服经验研究无法有效区分众多影响因素的缺陷，验证基于前人理论研究相关命题所提出的研究假设，从而解决目前因缺乏现实经济数据而无法对理论研究结论进行检验的问题，为理论研究提供具有高度内部效度的经验证据。

（2）经验研究。根据前人研究，高新技术中小企业融资契约的选择将与企业的研发投入水平相互影响，进而反映在企业业绩上。因此，本书在论证与分析融资契约与企业研发投入的关系时，首先，以我国创业板上市公司作为研究对象，搜集企业的研发投入数据和企业业绩的相关数据进行经验研究。其次，以 R&D 投资为主的中小企业创新活动容易受到融资约束。创新研发特有的高度信息不对称、收益不确定性和低担保价值等特征使得中小高科技企业难以获得银行信贷等间接融资（Hall，2010），在直接融资中的股权融资市场较小的前提下，扩展中小企业融资来源，主要还是要扩大中小企业的债务融资规模并最终反映在企业的业绩上。因此，本书在论证与分析高新技术中小企业创新研发、债务融资契约与企业业绩之间的关系时，以我国创业板上市公司的相关数据作为研究样本进行实证检验。

1.5 研究内容

高新技术中小企业不同融资结构对企业创新活动具有重要影响，而企业创新直接影响企业业绩。因此，本书立足于高新技术中小企业存在的融资难和融资贵问题，使用实验室实验研究方法，验证不同融资契约对高新技术中小企业投融资双方的激励约束效应，然后利用经验研究方法，以我国创业板上市企业作为研究对象，分析企业研发投入对企业业绩的影响，以及企业研发投入、债务融资契约以及企业业绩之间的关系。本书的具体章节安排如下：

（1）第 1 章为绪论。首先介绍本书的研究背景，包括国内外对高新技术中小企业融资难问题的相关研究，介绍中小企业融资难的原因，分析中小企业创新对融资的影响，厘清中小企业创新与企业业绩之间的关系；然后介绍本书的研究目的与意义，并且从实验研究方法和经验研究方法出发，论述本书选用这两种研究方法的必要性以及本书各章节的研究方法；最后对本书研究内容进行梳理。

（2）第2章为高新技术中小企业直接融资契约选择的实验研究。首先论述对中小企业直接融资契约进行实验研究的原因；然后提出理论分析与研究假设，在此基础上，设计实验并且阐述实验过程；最后对实验数据进行分析与讨论，包括描述性统计、私有信息对融资方契约选择影响、投资方谈判力对融资契约选择的影响、融资方契约选择的影响因素研究等几个方面。

（3）第3章为高新技术中小企业研发资产证券化融资契约的实验研究。首先对本书研发资产证券化融资契约进行概述；其次根据前人研究成果提出研究假设；再次根据研究需要，设计实验的各项具体内容，包括试验参数、流程、激励政策与变量说明等；最后根据实验设计和实验过程，分析实验结果。

（4）第4章为高新技术中小企业可转债融资契约的实验研究。首先对可转债融资契约进行概述；其次根据前人研究提出实验假设，然后从契约特征和参数设置、变量说明、实验受试者激励等方面论述实验设计过程；最后对实验结果进行分析，包括描述性统计、不同可转债对投资者和企业家的激励效果分析、基于控制权配置的可转债契约对总收益的影响等。

（5）第5章为高新技术中小企业研发投入与企业业绩。首先对研究问题进行了分析和论述；其次从高新技术企业研发投入与企业业绩关系、基于市场业绩的激励政策与企业研发投入关系两个方面提出理论分析与研究假设。然后从样本选择与数据来源、变量定义、模型设定等方面论述研究设计；最后从描述性统计、公司业绩与研发投入之间关系、研发投入与公司业绩之间倒"U"形关系等方面论述本书的实证结果。

（6）第6章为高新技术中小企业研发投入、债务融资契约与企业业绩。本章首先对研究问题进行了概述；其次从研发投入与企业业绩、债务融资契约对研发投入与企业业绩之间关系的调节作用两个方面进行文献回顾与研究假设；然后从样本选择与数据来源、变量定义、模型设定等方面论述研究设计，最后从描述性统计、研发投入与企业业绩的分层回归分析、债务融资调节效应与稳健性检验等方面进行实证结果的分析。

（7）第7章为本书结语部分，主要是对本书所做的研究进行总结。

第 2 章 高新技术中小企业直接融资契约选择的实验研究

2.1 概 述

中小企业在我国经济增长和增加就业等方面都做出了重大贡献，高新技术中小企业作为创新主体，是我国经济发展的重要动力，在实现创新型国家战略的过程中扮演至关重要的作用。据工信部的统计，目前占我国企业数量 99% 以上的中小企业创造全国 60% 的 GDP，50% 以上的税收和 80% 以上的城镇就业[①]。我国中小企业包含城镇集体企业、乡镇企业、个体私营企业以及个体工商户等，但根据国家统计局的有关数据显示，2009 年私营企业、乡镇企业和个体贷款中的短期贷款总额只占我国全年短期贷款总额的 11%[②]。由于面临信息不透明、缺乏有效抵押物、信用基础设施落后等问题，我国中小企业在间接融资市场上普遍难以获得银行授信（李志，2002）。对于高新技术企业而言，由于研发过程信息不对称问题更为严重，研发形成的资产专用性更高等问题，我国高新技术中小企业在间接融资市场上同样面临严重的信贷配给问题（李志，2002），因而面临较为严重的融资约束。显然，融资难问题严重影响了我国高新技术中小企业的经营活动和投资行为，直接制约了其发展，严重阻碍了中小企业的创新和我国创新型国家战略的实施。鉴于此，近年来国家一直把支持中小企业健康发展作为经济工作重点之一，从完善财税支持、缓解融资困难等方面出台了具体的支持措施。在缓解中小企业融资约束方面，主要通过推进多层次资本市场建设，

---

① 资料来源：http://www.sme.gov.cn/web/assembly/action/browsePage.do?channelID=1312166562130&contentID=1329175229886。
② 根据国家统计局网站上公布的 2009 年统计数据计算得到。http://www.stats.gov.cn/tjsj/ndsj/2011/indexch.htm。

从直接融资和间接融资两方面拓宽融资渠道①。

在利用直接融资渠道缓解中小企业融资难方面，国务院于 2009 年 9 月 22 日正式发布了《国务院关于进一步促进中小企业发展的若干意见》（以下简称《意见》），提出通过创新金融产品和服务模式来缓解中小企业融资困难，特别是中小企业直接融资方面，强调进一步拓宽中小企业融资渠道，通过推出创业板并扩大中小企业上市规模来增加直接融资，同时积极发展股权投资基金，稳步扩大中小企业集合债券和短期融资券的发行规模，积极培育和规范发展产权交易市场，为中小企业产权和股权交易提供服务。为了深入贯彻和落实《意见》，中国人民银行联合银监会、证监会和保监会于 2010 年共同发布了《关于进一步做好中小企业金融服务工作的若干意见》，进一步提出拓宽符合中小企业资金需求特点的多元化融资渠道，包括完善小企业股权融资机制，逐步扩大中小企业债务融资工具发行规模，积极推进完善短期融资券、中小企业集合债券和集合票据的试点工作，对中小企业发行债务融资工具实行绿色通道等。另外，作为场外交易市场的新三板扩容在即，也为高科技型中小企业的股权融资提供了平台。显然，发展完善的金融市场，拓展中小企业直接融资渠道，构建多层次资本体系并引入公司债券、股票和可转换债券等多种直接融资方式，为中小企业提供通畅的融资渠道和多样化的融资方式具有极为重要的现实意义。

众所周知，投资盈利水平、进入成本以及资本市场透明度等原始资本市场特征决定和影响着资本市场的供需关系，进而影响资本供需双方的谈判力水平和所有权分配比例，并最终影响企业的定价和价值创造（Inderst 和 Muller，2004）。特别是在直接融资市场，资本供需双方的谈判力在金融契约的设计和实施过程发挥重要作用。在我国中小企业面临严重融资约束的情况下，资本稀缺性将会导致作为资本供给方的投资者在与中小企业签订融资契约过程拥有谈判力优势。另外，中小企业经营者比投资者掌握更多关于企业的私有信息，这种信息不对称将使投资者面临逆向选择和道德风险问题，进而影响到中小企业自身的融资契约选择和效率。因此，中小企业拥有的信息优势和融资竞争给投资方所带来的谈判力必然会对中小企业直接融资契约选择产生影响。

---

① 2009 年 5 月我国颁布了《中华人民共和国中小企业促进法（主席令第六十九号）》，以法律形式确定了对中小企业的支持，随后颁布的政策文件包括《国务院关于进一步促进中小企业发展的若干意见》《关于进一步做好中小企业金融服务工作的若干意见》《国务院关于进一步支持小型微型企业健康发展的意见》等。以上法律和政策文件都提出要努力缓解中小企业融资难问题，并通过财税支持、扩宽融资渠道、构建多层次资本市场体系等措施来支持中小企业发展。

考虑到我国中小企业融资难的背景以及现实中存在大量急需资金的企业追逐少量资本的现象，同时考虑到现实中存在企业隐藏私有信息的可能性，本章用实验室实验的方式，通过控制项目自然状态来模拟私有信息环境，通过控制投融资双方的角色比例来体现投资方的谈判力优势，以此来模拟中小企业融资情境。在实验中提供公司债（代表标准债务契约）、股票（代表股权契约）和可转债三种基本的直接融资契约，在策略互动过程中研究私有信息和谈判力对中小企业直接融资契约选择的影响，发现融资方之间的竞争给投资方带来的谈判力优势可以缓解融资方私有信息对契约选择的影响，从而起到降低信息不对称并保护投资者的作用。本章的研究结果为消除信息不对称给中小企业融资所带来的负面影响提供了参考价值，同时也为通过直接融资渠道解决我国高新技术中小企业融资难问题提供理论依据。

2.2　理论分析和假设提出

信息优势会形成有利于融资方的融资契约，而投资方拥有谈判力则会导致有利于投资者的金融契约。本章通过实验室实验的方法，在策略互动中研究直接融资市场上私有信息和谈判力对融资方契约选择偏好的影响。首先分别考虑私有信息和谈判力对融资方契约选择的影响，然后重点研究同时存在私有信息和谈判力时的中小企业（融资方）直接融资契约选择问题。在金融契约、信息不对称以及博弈论相关理论的基础上提出本文的研究假设。

2.2.1　中小企业融资与信息不对称

我国中小企业普遍存在信息不透明、缺乏有效抵押物、信用基础设施落后等情况，因而在中小企业融资的资本市场上存在严重的信息不对称问题，该问题成为中小企业融资难的一个主要障碍。

传统的融资优序理论认为企业不同融资方式的信息约束条件和向投资者传递的信号是不同的，由此产生的融资成本以及对企业市场价值的影响也存在差异，而企业是依据成本最小化来选择融资方式。因此，企业融资总是先选择无交易成本的内源融资，然后才是外源融资。在外源融资当中，又总是先债务后权益的顺序，而造成这一现象的根本原因在于信息不对称（Myers 和 Majluf，1984）。由此可见，融资优序理论更多地适用于信息不对称较严重的中小企业融资决策（Graham 和 Harvey，2001）。与传统融资优序理论不同，也有一些学者认为中小企业应该遵循一种更为极端（More Extreme）的融资优序理论（Ang，1991；Holmes 和 Kent，1991；Howorth，2001），即 Holmes 和 Kent（1991）的"受约束的"或 Ang（1991）的"修正的"融资优序理论。Ang（1991）基于中小企业控制权的考虑，认为中小企业将首先选择未分配股息这种内源融资方式，然后是所有者继续投入资本，最后才会考虑外部负债融资。Howorth（2001）的研究则指出，中小企业由于担心丧失控制权而并不愿意遵循融资优序理论，而可能以一种"被截断的形式"（Truncated Form）存在，即中小企业通常不会考虑特定的融资模式。虽然有关信息不对称与企业融资决策的理论研究较多，但是由于难以获取私有信息的实地数据以及内生性问题（Chiappori 和 Salanié，2000），很少有学者通过实证的方式对上述理论进行检验。

上述理论主要是基于欧美发达国家背景和有效资本市场前提进行研究，而我国中小企业所面临的主要问题与欧美国家中小企业不同。在我国，中小企业主要面临的是融资渠道单一和外部融资约束等融资难问题，而只有13%的欧盟中小企业认为其主要问题是融资（罗丹阳和殷兴山，2006）。因此，考虑到制度、文化和环境的影响，我国中小企业目前所面临的外部融资约束意味着我国中小企业在提升资金来源的顺序上可能会面临更大的困难（Allen 等，2005；Ayyagari 等，2010），上述融资优序理论可能并不完全适用。

本书考虑的是公司债（代表标准债务融资契约）、股票（代表股权融资契约）和可转债三种直接融资契约。三种融资契约的成本、收益以及向市场传递的信号存在明显的差异。首先，信息不对称优势能够带来信息租金（王燕，2004），而信息租所带来的私人收益将激励融资方，造成融资方式的差异。其次，外部投资者要观察到诸如企业真实现金流等企业家的私有信息，需要付出一定的信息获取和干涉成本（Townsend，1978；Diamond，1984；Gale 和 Hellwig，1985），此时外部所有权的多样性可以理解为一种最优的融资机制（Hart，2001）。燕志雄和费方域（2007）通过建模分析了企业家与投资者在不同信息结构下的不完全金融契约，发现作为信息不对称和财富约束的结果，项目在不同信息结构下的融资成本是不一样的，而这些成本的高低通常决定企业家的融资决策。对于不同的信息租，信息披露成本，所需的外部资本以及市场融资要求的回报率，企业家将选择不同的融资方式。因此，融资过程中的信息不对称和融资方所受到的财富约束，将会给投资方带来信息成本，而给融资方带来信息租金，从而决定融资方选择的融资契约。换言之，融资方是否具有私有信息将会导致契约选择上的差异。基于以上分析本章提出假设2-1：

假设2-1：在控制谈判力的前提下，融资方是否具有私有信息将导致其在融资契约选择上的显著差异。

当公司存在信息不对称时，管理者总是比投资者知道更多关于企业价值的信息并利用这些内部信息去销售市值被高估的股票，从而使现有股东通过财富转移获取收益。从这个层面上讲，发行股票、混合证券或者风险债券都会传递与公司价值有关的信息。但是作为博弈的另一方，投资者则认为公司行为是理性的，管理者会根据融资成本和风险的大小并遵循"内源融资—债券融资—股票融资"的顺序为有价值的项目进行融资。因此，使用内源融资的公司被认为财务状况优于外源融资的公司，而选择发行债券的公司财务前景被认为优于发行股票的公司（Myers 和 Majluf，1984）。由此可知，融资方具有私有信息（即项目好坏状态），就会根据私有信息所反映出来的收益和风险来做出融资决策。一方面，当融资方观测到项目处于"好"的自然状态时，由于项目成功的概率大，经营风险较低，而投资方并不了解项目状态。这种情况下，融资方可能会利用债券融资收益具有的凹性特征，倾向于通过发行公司债的形式来筹集资金，以获得最大额剩余索取权。从相机控制权的角度讲，无初始财富的融资方和有财富的投资者之间的最优融资契约要求在企业进行债权融资时，如果能按规定偿还债务，则剩余控制权配置给企业家；如果不能按规定偿还债务，则剩余控制权配置给投资者（Aghion 和 Bolton，1992）。当融资方具有项目"好"状态的私有信息而发行债券时，可以保证按规定偿还债务并获取剩余控制权。另一方面，当融资方观测到项目处于"坏"的自然状态时，由于项目失败的概率大，经营风险高，而投资方并不知道项目的具体自然状态。若融资方发行债券，则可能无法保证偿还债务而被投资方清算，而发行股票则能够通过分担项目风险和收益来避免被清算。鉴于以上分析，我们提出假设2-1a和2-1b：

假设2-1a：当融资方具有项目"好"状态的私有信息时，融资方倾向于选择标准债务契约。

假设2-1b：当融资方具有项目"坏"状态的私有信息时，融资方倾向于选择股权契约。

2.2.2 中小企业融资与融资竞争

目前有关企业之间融资竞争对中小企业融资决策行为影响方面的研究较少。中小企业之间的融资竞争会提升投资方的谈判力，但是目前国外关于谈判力方面的研究大都集中在银行与借贷者之间关系上，而且主要关注于借贷者拥有谈判力对银企关系的影响（Uchida 2006；Wu 和 Wu 2007；Kirschenmann 和 Norden 2012）。Uchida（2006）以融资契约双方愿意承受的交易成本作为测量变量，对日本银行与借贷者之间的谈判力决定因素进行了实证研究，发现银行之间的竞争和借贷者更好的绩效能够提升借贷者的谈判力，而且此时信息不对称的影响非常微小。Wu 和 Wu（2007）以台湾地区一家领先银行的贷款数据为基础分析了银行—客户关系的跨期（Intertemporal）盈利能力，发现溢价的跨期变化形式取决于借贷者的谈判力，从而将跨期贷款定价与信息不对称和谈判力联系起来。Grunert 和 Norden（2011）以银行借贷利差和抵押物作为衡量借贷双方谈判力的指标，通过搜集美国和德国银行系统的数据，实证研究了中小企业的软硬两种信息对银行和借贷者谈判力的影响，发现更多有利的软信息（管理者能力和特征、企业战略等）会增加借贷者的谈判力，同时还发现更有利的软信息比硬信息（借贷者的财务报表和支付信息等）更能增加借贷者的谈判力。

可以看出，虽然谈判力作为影响中小企业融资的一个重要因素引起了诸多学者的注意，但是现有研究均是基于欧美数据，用一个可观察的变量（如交易成本和银行利差等）来代表谈判力得到的结果，在中国不适用。而且在这些研究中拥有谈判力的一方为中小企业，这与我国中小企业的融资现状并不一致。由于我国与欧美国家在经济体制上存在差异且公司治理机制不完善，我国中小企业的信息不透明问题更严重，加上国内中小金融机构发展迟缓，大多数中小企业在融资过程中并不拥有谈判优势。与之相反，对于新兴经济体，在大量的投资机会追逐有限资本的现实背景下，中小企业对资金的渴求所引发的融资竞争更多的是造成银行或者其他类型投资者拥有谈判力的局面。从现有研究来看，并没有针对中小企业之间的融资竞争所带来的投资者谈判力对中小企业融资契约选择偏好的影响的研究。国内还没有文献涉及谈判力对中小企业融资契约设计的影响。

自 Jensen 和 Meckling（1976）开创性地提出公司金融中的委托代理问题以来，已有不少学者从委托代理、信息不对称等视角对可转债的发行动机进行了分析。如 Isagawa（2002）从公司股东和管理层之间的委托代理视角出发，认为可转债契约内嵌的转股特性使企业管理层可以动态调节企业的债务水平，从而有效防止管理层的机会主义行为，解决投资过度与投资不足问题。Brennan 和 Kraus（1987）则从公司资产风险的角度提出，发行可转债可以显示公司资产风险类型，从而解决资产风险信息不对称带来的融资问题。我国中小企业的信息不对称形势更为严峻，而企业可以通过发行可转债来规避信息不对称所带来的股权再融资逆向选择成本（Stein，1992）。Chakraborty 和 Bilge（2003）的研究也指出，可转换证券（包括可转债与可转换优先股）能够使公司获得与其价值相符的融资额，而且不会因为融资时的信息不对称而产生逆向选择成本。因此，从信息不对称视角来看，在这一问题尤为严重的我国中小企业，发行可转债可以规避信息不对称带来的逆向选择成本。另外，可转债的内嵌转股期权属性赋予了投资者在一定时期内根据项目实施状态来决定是否转股的动态选择权，这种特有的转换期权使得可转债兼具债券、股票和期权的三重特性。正是因为可转债拥有期权特性，可以根据企业家（融资方）的努力情况和自然状态重新分配项目的现金流量权和控制权，因此可以同时激励企业家和风险投资者进行更高的投入（Schmidt，2003）。Cornelli 和 Yosha（2003）也认为，可转债在有助于降低企业家进行"窗口粉饰"的动机同时，也可以激励企业家（融资方）和投资者进行更高的投入。

从上述可转债在规避逆向选择成本和激励方面的作用来看，当融资市场竞争激烈而投资方较少，造成投资方拥有谈判力时，融资方选择可转债，既可以减少成本高企的风险，又可以激励投资者进行高投入。同时，从投资者保护的角度来看，投资方拥有谈判力，存在融资方为了获取资金而给投资方让渡更多选择权的可能，具体通过发行可转债来体现。因此，在控制融资方私有信息的前提下，一旦投资方拥有谈判力，融资方会倾向于选择可转债融资。鉴于以上分析，本章提出假设 2-2：

假设 2-2：在控制私有信息的前提下，投资方具有谈判力会使融资方倾向于选择可转债契约。

2.2.3　融资竞争对信息不对称的影响

尽管信息不对称和融资竞争对中小企业的融资偏好有重要影响，但是目前鲜有关于这两者之间交互影响的理论研究。实验研究虽然能够通过构建适时虚拟环境来检验融资竞争所带来的投资方谈判力对中小企业融资决策的影响，但是有限的实验研究结果显示，不均衡的竞争力所导致的谈判力对投融资双方的产出影响在某种程度上是具有混合效应的。如 Fischbacher 等（2009）的研究结果显示，在市场中引入较小的竞争都能导致较大的行为改变。Roth 等（1991）则发现当代理人在需求博弈中进行竞争的时候，委托人能够获取几乎全部的剩余，但是 Grosskopf（2003）关于应答者（Responders）之间进行竞争的最后通牒谈判博弈研究中发现，有竞争的条件下，应答者的需求会比没有竞争的情况更多。Charness 等（2011）通过实验研究了竞争是如何消除棘轮效应的，但是与之相反的是，Brandts 和 Charness（2004）和 Fehr 等（1998）的研究则发现当契约不完全时，竞争并不能消除市场的公平。因此，对于竞争能对静态的信息不对称产生何种影响，在事前是没有定论的，而当竞争并不均衡时，这种影响就更加不确定。

事实上，由于融资竞争所反映出来的投资方谈判力优势，融资方在直接融资市场上为了得到投资方的资金而展开竞争，进而可能透露更多的私有信息，并通过融资方选择的契约来显示。Lambert 等（2011）通过构建数学模型研究了信息不对称在确定资本成本过程中的作用，发现资本市场的竞争程度在信息不对称和资本成本之间扮演着至关重要的作用，在完全竞争条件下，信息不对称不影响资本成本。资本成本与融资契约成本是高度相关的，因此，根据 Lambert 的研究可以认为，融资方之间的竞争所导致的投资方谈判力对于融资方契约选择的影响要比私有信息所产生的影响大，甚至在某种程度上能够消除中小企业投融资双方之间的这种信息不对称。鉴于以上分析，本章提出假设 2-3：

假设 2-3：在融资方具有私有信息且投资方拥有谈判力的前提下，投资方谈判力越大，则融资方私有信息对其契约选择的影响越小。

2.3 实验设计与实验过程

2.3.1 实验设计

(1) 决策情境

现实中投资方的谈判力具有多种表现形式,借鉴 Cabrales 等(2011)关于隐藏信息和谈判力对效率影响的实验研究,本章通过控制投融资双方的角色比例来区分双方的谈判力水平。在每组一个融资方和一个投资方的情境中,由于双方在融资市场中的比例相等,双方谈判力均等;在每组三个融资方和一个投资方的情境中,由于投资方只能接受其中一个融资方的契约,项目收益只在签订契约的两者之间进行分配,因此三个融资方之间存在竞争,从而显示出投资方的谈判力优势。实验中对于私有信息的控制,则通过控制被试者屏幕的信息显示状态来实现,在具有私有信息的情境中,融资方可以通过屏幕观测到项目是处于"好"状态还是"坏"状态,投资方则无法观测;在融资方不具有私有信息的情境中,投融资双方均不知项目所处的自然状态。

实验总共有36名被试者,根据系统随机生成融资方或者投资方角色。实验总共分为4局,每局进行8—10期,分别模拟一种情境下投融资双方的决策行为。在融资方具有私有信息的实验局中,融资方可知项目的自然状态,而投资方则不能;在融资方不具有私有信息的实验局中,投融资双方均不知项目所处的自然状态。4局实验的情境如表2-1所示:

表2-1 四种实验情境在实验中的分组情况

情境	融资方信息状态	组数	每组人员分配	期数
Ⅰ	具有项目自然状态私有信息	18	1投资方1融资方	8
Ⅱ	不具有项目自然状态私有信息	18	1投资方1融资方	8
Ⅲ	具有项目自然状态私有信息	9	1投资方3融资方	10
Ⅳ	不具有项目自然状态私有信息	9	1投资方3融资方	10

（2）实验参数

现假设实验中的企业家（融资方 E）需要为企业项目筹措 K 单位的资金，其中企业家通过内源融资方式筹集的自有资金为 K_E 单位，另外需要从投资方（包括银行、证券公司、机构投资者、风险投资和个人投资者等，统称为投资方 I）获取 K_I 单位的资金。假设企业家可以在直接融资市场上通过发行公司债券、股票和可转债这三种直接融资契约来融资，各金融契约特征描述如下：

①公司债券发行期限为 1 年（也即 1 期），债券利率为 r；

②若选择股票融资方式，则收益按照双方出资比例分配，融资方获得项目收益比例为 $\alpha = \dfrac{K_E}{K}$，投资方获得项目收益比例为 $1-\alpha$。

③为了方便实验，可转债契约年限设定为 1 年（也即 1 期）。因为只有 1 年的项目执行期，为简化起见，实验中不考虑可转债的回售和赎回特性，只简单在每期末让投资方具有根据项目成败来实行转换期权与否的权利。若接受可转债融资，在每年年末投资者决定是否对可转债执行转股期权（按初始出资比率计算持股比例）。如果项目随机成败状态为成功，实验后台默认为转为股票，收益分享参照股票收益分配模式；若项目失败，则实验后台默认为不转股，而以公司债的形式计算收益。

投资方可以选择接受或者拒绝融资方的契约。若投资方接受则屏幕显示签约成功，且项目收益则取决于当期所处的自然状态 θ 和项目的成败 ϑ；若拒绝则显示签约失败且双方各得 U 的保留收益。同时，假设出现"好"和"坏"的自然状态的概率分别为 p_g 和 p_b，"好（坏）"状态下项目成功和失败的概率分别为 $p_{gs}(p_{bs})$ 和 $p_{gf}(p_{bf})$。项目成功或失败的收益分别为 V_s 和 V_f。需要说明的是，在投融资双方角色比例为 1∶1 的实验局中，若投资方选择接受（拒绝），则双方屏幕上都显示签约（成功）失败；在投融资双方角色比例为 1∶3 的实验局中，若投资方选择拒绝，则该组成员屏幕显示均为签约失败，若投资方接受了其中一个融资方的契约，则投资方与被接受的融资方屏幕都显示签约成功，而其他未被选中的融资方都显示签约失败，仅能获得保留收益。

（3）参数赋值和收益计算

实验中各参数的具体设置为：项目所需资金 $K=1000$，$K_E=K_I=500$（以上设置仅为计算方便），若双方签订股票融资契约，则融资方的收益分成比例 $\alpha=0.5$。自然状态 $\theta=\{0,1\}$（0 表示"坏"的状态，1 表示"好"状态），项目成败

$\vartheta = \{0,1\}$（0 表示项目失败，1 表示项目成功）。显然，自然状态代表了企业项目的投资风险水平，若"好"状态出现概率过高，则不符合中小企业高风险的特点，而"坏"状态出现概率过高则可能导致投资者不愿意投资。因此，设定项目好坏状态概率相等，即 $p_g = p_b = 0.5$。另外，在项目处于"好"状态时，表示企业项目风险较低，项目有更高的成功概率，因此将"好"状态时项目成功的概率 p_{gs} 设定为 0.8，失败的概率 p_{gf} 设为 0.2；而在项目处于"坏"状态时，表示项目的经营风险较大，因此将"坏"状态下项目成功的概率 p_{bs} 设为 0.2，失败的概率 p_{bf} 设为 0.8。考虑到即使投融资双方签约不成功，各自持有资金也能获取其他收益如银行利息等，因此设定若签约失败则双方都能获得 $U = 10$ 的保留收益。一般而言，公司债券和可转债的利率并不一致，因可转债包含转股期权，其利率一般都低于公司债。假设实验中双方签订可转债契约且投资方不转股，则可转债利率按公司债利率计算收益。现实中公司债票面年利率一般为 6% 左右，这里设定公司债和可转债的利率一致且 $r = 10\%$ 仅仅是出于计算方便的考虑。另外，考虑到期望收益和破产威胁的影响，设定若项目成功，则项目收益 $V_s = 2500$，若项目失败，则项目收益为 $V_f = 500$[①]。当然，以上参数的设定，均有方便后续收益计算的考虑。

需要说明的是，实验中的自然状态和项目的成败状态都是系统随机生成的，具有离散属性。融资方是根据实验系统在每期随机生成的自然状态和项目成败状态来计算概率，从而做出对自己最有利的决策，因此融资方每期的收益均是离散的。根据以上参数的赋值可以计算投融资双方在不同自然状态和项目成败情况下的收益，如表 2-2 所示。

(4) 实验步骤

虽然每组被试者在各局实验中不一致，而且私有信息的显示状态也有所差别，但是每期实验的步骤基本相似，参与者在每局实验中均需完成以下步骤：

步骤 1：系统初始化，自然状态实现，融资方选择融资契约；

步骤 2：系统将融资方的选项发送给投资方，投资方决定是否接受。在情境 Ⅲ 和 Ⅳ 中，投资方只能选择一种契约或者拒绝所有契约。

[①] 按照 $V_s = 2500$ 和 $V_f = 500$ 计算，"好"状态下的项目期望收益为 1100，"坏"状态下的项目期望收益为 -100。

表 2-2　　不同自然状态和不同成败状态下投融资双方选择不同契约的收益

选项	接受融资方契约				拒绝融资方契约
	好状态		坏状态		
	项目成功	项目失败	项目成功	项目失败	
公司债					
投资方收益	550	500	550	500	10
融资方收益	1950	0	1950	0	10
股票					
投资方收益	1250	250	1250	250	10
融资方收益	1250	250	1250	250	10
可转债					
投资方收益	1250	500	1250	500	10
融资方收益	1250	0	1250	0	10

注：(1) 以上收益为双方项目收益分成，并未扣除双方初始投入；(2) 在投融资双方1∶3角色比例实验局中，因投资方只能选择一个融资方的契约进行签约，签约成功则分享项目收益，未被投资方选中的另外两个融资方则显示签约失败，获取保留收益10。

步骤3：若投资方拒绝融资方契约，则双方屏幕显示签约失败；若投资方接受融资方契约，则投资方和被接受的融资方屏幕均显示签约成功。在情境Ⅲ和Ⅳ中，未被选中的融资方显示签约失败。

步骤4：系统生成项目成败状态并计算双方收益，进入下一期（若双方签订的是可转债契约，则系统会根据项目成败来自动选择是否转股）。

2.3.2　实验过程

(1) 被试者和激励措施

本实验的被试者均为西安交通大学管理学院2011级硕士研究生，这些学生此前都有较系统地接受过公司理财、公司金融和博弈论等相关课程，因此较熟悉实验过程中所涉及的背景知识，另外，本次实验是在万迪昉主讲的《高级管理学》课程实践环节中进行，并不占用学生额外的时间，不消耗被试者的机会成本。将在校大学生和研究生作为被试者虽然受到了国内外一些学者的质疑，认为学生远没有从现实环境中招募的从业者那样拥有丰富的经验。但是 Dyer

(1989)和 Smith(1988)通过对比从真实市场中招募的被试者和学生被试者之后发现,这些真实市场中招募的被试者与学生相比,其行为决策并不存在显著差异,但是实验费用却远高于学生。Fehr(2002)更是认为,最合适的实验室实验参与主体是相关专业的高年级本科生和低年级硕士生,因为他们在具有相关理论背景从而能够很好地理解实验逻辑的同时,却没有真实从业者那样的思维定势,因此,目前国际上绝大部分的实验室实验的通行做法是将这些具备普通人特点的学生作为实验主体。

为了保证被试学生能够认真积极地参与实验,同时考虑到每局实验每个学生扮演的角色可能不同,每局实验我们都分别针对不同的角色进行奖励。每位参加实验的学生,在实验结束之后都能获取 5 元出场费。除了出场费,实验结束之后还分别对扮演融资方和投资方的学生进行排名。在每组分配 1 个融资方和 1 个投资方的实验局中,我们对每种角色的前两名分别给予 15 元的奖励;在每组分配 3 个融资方和 1 个投资方的实验局中,我们对融资方的前三名和投资方的第一名每人给予 15 元的奖励。万迪昉(2005)认为,价值诱导在将学生作为被试者的实验中是必不可少的,但仅靠物质激励是不够的,更为重要的诱导来自对学生获取新知积极性的调动,合理的分数结构是有效激励方式之一。关于这一点国内外一些学者也有相关论述(Selten,1997;De Bettignies,2008;徐细雄,2008),故本实验在一定物质激励的同时还采用了将实验结果与课程成绩挂钩的做法。

(2)实验过程

本实验基于瑞士苏黎世大学开发的 Z – Tree 平台编写实验程序,并于 2011 年 12 月 20 日在西安交通大学管理学院的经济管理实验室中进行实验,具体的实验手册、实验程序和实验界面见附录 A。整个实验分为实验讲解,预实验和正式实验三个环节,总共持续时间约为 2 小时。

在实验开始前,实验组织人员会给每位参与实验的学生发放一份实验指导手册并要求仔细阅读以了解实验概况和整个实验过程,同时实验设计者还通过播放和讲解幻灯片的形式来加深被试者对本次实验的理解,包括实验的理论背景、实验操作程序、决策变量、实验流程以及实验奖励措施等,并示范实验软件。为了确保所有被试者对本次实验有更为直观的理解,在正式实验开始之前进行了 3 期预实验,并针对被试者提出的疑问进行了详细解答。在确定所有被试者都理解了实验规则和过程之后,进入正式实验阶段。在正式实验中,实验系统首先会随机生成被试者的身份信息,并用数字代码进行标记,其中 type = 1

表示融资方角色；type=2 表示投资方角色。由于每个小组的成员及其角色在每一期实验中都是随机分配的，因此被试者并不知道组员的物理身份和位置，避免了组员之间的沟通串谋。随机配对完成之后，被试者将进入决策界面。首先系统会自动生成项目的自然状态，在融资方具有私有信息的实验局，融资方均可以在实验界面中观测到项目的自然状态（无私有信息的实验局则无法观测，投资方在任何实验局均观测不到自然状态）。然后选择一种融资契约反馈给投资方，投资方在观测到融资方提供的契约之后选择接受或者拒绝（在情境Ⅲ和Ⅳ中，投资方只能从三个融资方提供的契约中选择一个接受）。最后，系统生成项目成败状态并根据投资方的选择在后台计算本期收益并同时显示给投融资双方，实验进入下一期。

2.4 数据分析与讨论

2.4.1 描述性统计分析

本次实验分4局进行，总共获得468条配对数据，采用Stata10.0统计软件进行实验数据的处理和分析。

表2-3为不同信息和角色比例情境下融资方所提供融资契约的描述性统计结果。从表2-3可以看出，在情境Ⅰ中，在所有自然状态下选择公司债（可转债）的融资方比例小（大）于情境Ⅱ；两种情境下选择股票融资的比例是一致的，说明在控制谈判力的前提下，融资方是否具有私有信息对其契约选择偏好具有比较明显的影响，初步验证了假设2-1。

表2-3 描述性统计

契约	情境Ⅰ（1融1投私有信息）			情境Ⅱ（1融1投无私有信息）		
	"好"状态	"坏"状态	合计	"好"状态	"坏"状态	合计
公司债	34.03 (72.07)	13.19 (24.99)	47.22	23.61 (47.22)	30.56 (61.12)	54.17
股票	6.25 (13.24)	34.03 (64.48)	40.28	22.92 (45.84)	17.36 (34.72)	40.28
可转债	6.94 (14.70)	5.56 (10.53)	12.50	3.47 (6.94)	2.08 (4.16)	5.56

续表

契约	情境Ⅲ(3融1投私有信息)			情境Ⅳ(3融1投无私有信息)		
	"好"状态	"坏"状态	合计	"好"状态	"坏"状态	合计
公司债	9.26(20.32)	7.41(13.61)	16.67	2.96(7.61)	6.67(10.91)	9.63
股票	6.30(13.83)	17.41(31.97)	23.70	4.07(10.47)	6.67(10.91)	10.74
可转债	30.00(65.85)	29.63(54.42)	59.63	31.85(81.92)	47.78(78.17)	79.63

注：(1)括号外数字表示融资方在自然状态下选择契约占该局实验所有融资方所选契约的比例；(2)括号内数字表示融资方在自然状态下选择契约占该自然状态下所有融资方所选契约的比例。

继续将不同的情境划分为"好"和"坏"两种自然状态。可以发现，"好"状态下，情境Ⅰ(Ⅲ)中选择公司债融资的比例远高于情境Ⅱ(Ⅳ)，说明在具有项目处于"好"状态的私有信息的前提下，融资方更倾向于选择公司债即标准债务融资契约来最大化自己的收益，初步验证了假设2-1a。在"坏"状态下，情境Ⅰ(Ⅲ)中选择股票融资的融资方比例高于情境Ⅱ(Ⅳ)中"坏"状态下的选择比例，说明在具有项目处于"坏"状态的私有信息前提下，融资方更倾向于选择股票即股权融资契约来分担风险，初步验证了假设2-1b。

在情境Ⅲ和Ⅳ中，所有自然状态下融资方选择可转债契约的比例急剧升高，说明引入由融资竞争所导致的投资方谈判力因素之后，融资方转向选择可转债这种融资方式来确保融资成功，以上发现初步验证了假设2-2。此外，当引入谈判力因素之后，虽然情境Ⅲ中"好（坏）"状态下选择公司债（股票）的比例依然高于股票（公司债），但是与情境Ⅰ相比，其比例已经从72.07%(64.48%)下降至20.32%(31.97%)，说明在投资方具有谈判力优势的前提下，私有信息对融资方契约选择偏好的影响减小，初步验证假设2-3。

2.4.2 私有信息对融资方契约选择的影响

前文通过描述性统计对融资方契约选择进行了简要分析，为了更科学地分析和检验融资方私有信息对其金融契约选择偏好的影响，也为了保证检验的全面性和更高的效率，本章进一步将情境Ⅰ和Ⅱ、Ⅲ和Ⅳ分别进行配对并做了Z检验和T检验。

(1)总体分析

表2-4的结果显示在控制投资方谈判力的前提下，不同信息情境下融资

所选契约类型的 Z 检验和 T 检验结果。可以看出，Ⅰ（Ⅲ）和 Ⅱ（Ⅳ）配对的 T 检验和 Z 检验均显著①，基本可以认为融资方具有私有信息对其契约选择偏好具有显著影响。另外，从契约均值来看，情境Ⅰ（Ⅲ）的契约均值显著高（低）于情境Ⅱ（Ⅳ）的均值。以上发现说明，私有信息可以激励融资方根据自然状态的好坏来判断未来的风险和预期收益，从而选择公司债或者股票融资。一旦融资方不具有私有信息优势，则融资方更愿意让渡风险和收益的选择权给投资方，选择可转债融资的比例会上升。因此，从 U 检验和 T 检验的结果来看，基本上可以认为在不同的信息情境下，融资方选择的契约具有显著差异。以上结论验证了假设 2-1。

表 2-4　控制谈判力后，私有信息对融资方提供契约类型的影响

配对	情境	样本量	平均数	t 值	中位数	z 值
Ⅰ—Ⅱ	Ⅰ	144	1.653	1.815** (0.035)	2.000	1.594 (0.111)
	Ⅱ	144	1.514		1.000	
Ⅲ—Ⅳ	Ⅲ	270	2.430	-4.477*** (0.000)	3.000	-4.846*** (0.0000)
	Ⅳ	270	2.700		3.000	

注：(1) 括号内为 p 值；(2) ***，**，* 分别表示 1%，5%，10% 的显著水平。

（2）不同自然状态下的融资方契约选择偏好

为了进一步观察融资方在不同类型私有信息下所提供契约是否有差异，本章还将私有信息按照项目的"好""坏"状态进行分类，并将情境Ⅰ和Ⅱ，Ⅲ和Ⅳ进行配对做了 Z 检验和 T 检验，结果如表 2-5 所示。

表 2-5 的结果显示，"好"状态和"坏"状态下将Ⅰ和Ⅱ，Ⅲ和Ⅳ分别配对，其 Z 检验和 T 检验均显著，说明在项目同为"好"状态或者"坏"状态时，融资方选择的契约在有私有信息和无私有信息前提下是有显著性差异的。更进一步地，从表 2-5 中Ⅰ和Ⅱ配对的检验结果可知，在控制谈判力的前提下，当项目处于"好（坏）"状态时，融资方拥有私有信息时提供的契约均值要显著小（大）于没有私有信息时提供的契约均值，说明当融资方观测到项目处于"好（坏）"状态时，因为预知项目成功概率较大（小），期望收益更高（低），发行公司债券（股票）的比例也就更高。以上结果验证了假设 2-1a 和 2-1b。

---

① 虽然Ⅰ和Ⅱ配对的 Z 检验不显著，但是其 p 值也达到了 11%，可以认为基本显著。

表 2-5 不同自然状态下私有信息对融资方提供契约类型的 Z 检验和 T 检验

配对	情境	样本量	平均数	t 值	中位数	z 值
		"好"状态				
Ⅰ—Ⅱ	Ⅰ	68	1.426	-1.483**	1.000	-2.221***
	Ⅱ	72	1.597	(0.070)	2.000	(0.0000)
Ⅲ—Ⅳ	Ⅲ	123	2.455	-3.014***	3.000	-2.871***
	Ⅳ	105	2.743	(0.001)	3.000	(0.004)
		"坏"状态				
Ⅰ—Ⅱ	Ⅰ	76	1.855	4.455***	2.000	4.358***
	Ⅱ	72	1.431	(0.000)	1.000	(0.000)
Ⅲ—Ⅳ	Ⅲ	147	2.408	-3.378***	3.000	-3.998***
	Ⅳ	165	2.673	(0.000)	3.000	(0.000)

注：(1) 括号内为 p 值；(2) ***，**，* 分别表示 1%，5%，10%的显著水平。

从表 2-5 中Ⅲ和Ⅳ配对的结果可知，一旦引入投资方谈判力，融资方选择的契约相比于情境Ⅰ和Ⅱ就有了很大改变，契约均值均在 2.40 以上，说明引入投资方谈判力之后，选择可转债的融资方占据绝对比例。但是在"好"和"坏"两种信息类型下，情境Ⅲ中的契约均值均显著小于情境Ⅳ，说明虽然融资竞争导致了发行可转债契约的融资方比例增大，但是在有私有信息时发行公司债和股票的融资方仍然比没有私有信息时的要多，支持假设 2-1。

2.4.3 投资方拥有谈判力对融资方契约选择的影响

从情境Ⅰ和Ⅱ、情境Ⅲ和Ⅳ的 Z 检验和 T 检验可知，私有信息确实对融资方的契约选择有影响，而且对比上述两组配对的结果可以看出，投资方拥有谈判力时，融资方提供的契约有显著变化。为此，我们将情境Ⅰ和Ⅲ、情境Ⅱ和Ⅳ进行配对做了 Z 检验和 T 检验，以此来观测投资方的谈判力对融资方契约选择的影响。

表 2-6 中的 Z 检验和 T 检验结果显示，情境Ⅰ（Ⅱ）中的契约均值均在 1%统计水平上显著小于情境Ⅲ（Ⅳ），且情境Ⅲ和Ⅳ的契约均值达到 2.4 以上，说明在控制私有信息的情况下，融资方之间的竞争给投资方带来谈判力优势，使

融资方为了获取资金，愿意让渡根据项目成败状态来选择风险和收益的权利给投资方，导致选择可转债契约的融资方比例急速上升，在情境Ⅲ和Ⅳ中占据绝大部分比例。检验结果说明在控制了融资方私有信息且投资方谈判力不同的前提下，融资方的契约选择有显著差异，而且投资方拥有谈判力将导致融资方更倾向于选择可转债契约，验证了假设2-2。同时，本章还将私有信息按照项目的"好""坏"自然状态进一步细分考察，并将情境Ⅰ和Ⅲ，Ⅱ和Ⅳ进行配对做了Z检验和T检验，结果显示情境Ⅰ（Ⅱ）的均值在1%的统计水平上显著小于情境Ⅲ（Ⅳ），支持了假设2-2。

表2-6　控制私有信息后，谈判力对融资方提供契约类型的影响

配对	情境	样本量	平均数	t值	中位数	z值
Ⅰ—Ⅲ	Ⅰ	144	1.653	-10.192***	2.000	-9.259***
	Ⅲ	270	2.430	(0.000)	3.000	(0.000)
Ⅱ—Ⅳ	Ⅱ	144	1.514	-18.406***	1.000	-14.085***
	Ⅳ	270	2.700	(0.000)	3.000	(0.000)

注：（1）括号内为p值；（2）***，**，*分别表示1%，5%，10%的显著水平。

2.4.4　融资方契约选择的影响因素回归分析

Z检验和T检验结果均初步支持了本章提出的假设，但是统计检验仅仅是反映了两个变量之间的关系，对私有信息和谈判力的交互影响则欠缺控制。为了进一步检验私有信息和投资方谈判力对融资方契约选择的影响，本章将私有信息和谈判力作为自变量对融资方选择的契约进行了回归。同时，考虑到融资方在相互竞争的状态下可能会透露更多的私有信息，从而导致私有信息对融资方契约选择的影响趋弱，本章在回归中也引入私有信息和谈判力的交互项作为自变量进行回归分析。表2-7的回归结果显示，所有回归方程的VIF均值均较小，显示方程的共线性影响并不严重；所有模型的F值在1%的统计水平上显著，说明模型的整体效果显著；从模型（2）、（3）和（4）的$Adj-R^2$来看，模型的整体解释能力较强。

模型（1）的结果显示，在控制了实验期数Period和自然状态θ之后，私有信息变量Inf与因变量ContractE之间在5%的统计水平上呈显著负相关关系，即

在不引入谈判力的前提下,融资方是否具有私有信息会显著影响其选择的契约形式,这一结论验证了假设 2-1。换句话说,当融资方具有私有信息从而可以明确项目成败的概率时,更愿意选择债券和股票这一类值较小的契约,从而拉低整体的 ContractE 值;而当融资方不具有私有信息优势从而不能明确预期收益时,选择可转债的比例会上升。更进一步地,当融资方具有"好"状态的私有信息时,Inf 最大,则此时 ContractE 的值普遍为最小值,即选择债券契约;当融资方具有"坏"状态的私有信息时,Inf 值最小,则此时 ContractE 的值普遍较高,选择股票融资或者可转债契约的融资方会增多。以上结果验证了假设 2-1a 和 2-1b。

模型(2)的结果显示,在控制了实验期数 Period 和自然状态 θ 之后,投资方谈判力变量 BPow 与 ContractE 之间在 1% 存在显著的正相关关系,即在控制私有信息的前提下,融资竞争导致的投资方谈判力会显著影响融资方选择的契约形式。换言之,在投融资双方角色比例均等的情况下,融资方选择债券和股票的比例较大;而在融资方多而投资方少的情况下,融资方选择可转债的比例更大,以上结论验证了假设 2-2。

表 2-7　　私有信息和投资方谈判力对融资方契约选择影响的回归分析

	模型(1)	模型(2)	模型(3)	模型(4)
Constant	2.080*** (27.95)	1.521*** (24.62)	1.582*** (23.59)	1.444*** (20.40)
Period	0.044*** (4.36)	0.015* (1.69)	0.015* (1.71)	0.016* (1.74)
θ	-0.046 (-0.78)	-0.013 (-0.26)	-0.008 (-0.17)	0.001 (0.02)
Inf	-0.126** (-2.21)		-0.128** (-2.67)	0.139* (1.80)
BPow		0.965*** (19.20)	0.966*** (19.09)	1.171*** (18.15)
Inf × BPow				-0.409*** (-4.19)

续表

	模型（1）	模型（2）	模型（3）	模型（4）
$Adj-R^2$	2.82%	31.58%	32.16%	33.52%
VIF 均值	1.01	1.03	1.02	2.17
F 值	8.63***	133.69***	102.39***	94.82***

注：（1）因变量为融资方提供的契约 ContractE；（2）***、**、* 分别表示 1%、5%、10% 的显著水平；（3）括号内为 White（1980）修正异方差后的 t 值。（4）Constant 表示常数项，Period 表示实验期，θ 表示项目好坏状态，Inf 表示信息变量，0 表示融资方不具有私有信息，1 表示融资方局有私有信息；BPow 表示谈判力，0 表示投融资双方 1∶1 的角色比例，1 表示投融资双方 1∶3 的角色比例。Inf×BPow 为交互项。

考虑到企业为了凑集资金而展开融资竞争并导致投资方具有谈判力的情境下，融资方为了更有把握得到融资，也就有可能愿意透露更多的私有信息，从而弱化私有信息对融资方契约选择的影响。因此，本章同时构建了模型（4），同时引入私有信息、投资方谈判力以及两者之间的交互项作为自变量来对融资方选择的契约进行回归。回归结果发现，交互项 Inf×BPow 与 ContractE 之间则在 1% 的显著性水平上呈负相关关系，说明在融资方具有私有信息但是投资方拥有谈判力的前提下，投资方谈判力越大，则融资方私有信息对自身契约选择的影响越小，这一结论验证了假设 2-3。将模型（4）的回归结果与我国中小企业融资的现实情况结合起来进行分析，说明在中小企业为了获得资金而展开相互竞争的市场环境下，为了争取融资，信息不对称会随着融资竞争的加剧而逐渐减少甚至消除，而且融资方也将更愿意选择有利于投资者的融资契约如可转债契约，从而促成我国的投资者保护环境。

2.5　研究结论与政策建议

2.5.1　研究结论

本章采用实验室实验的方式研究和验证了融资方私有信息和投资方谈判力对于融资方契约选择的影响。

研究发现：①融资方是否具有私有信息对其契约选择具有显著影响。具体表现为：当投融资双方谈判力均等且融资方具有项目"好"状态的私有信息时，融资方最倾向于选择公司债即标准债务契约；而当投融资双方谈判力均等且融资方具有项目"坏"的私有信息时，融资方最倾向于选择股票这种与投资方一起共担分险均分收益的融资契约。②投资方的谈判力优势对于融资方的契约选择有显著影响。在控制私有信息的前提下，融资方之间的竞争导致了投资方在融资契约签订过程中具有谈判力优势，这种优势将会导致融资方更多的选择可转债这种具有转股期权的灵活融资方式，为投资者提供保护。③在融资方具有私有信息但是投资方拥有谈判力的前提下，投资方谈判力越大，则融资方私有信息对自身契约选择的影响越小。

2.5.2 政策建议

本章从信息不对称和谈判力的视角出发，为缓解我国中小企业融资难以及我国直接融资市场的发展问题提供了理论借鉴，重点强调了企业债券尤其是可转债在保护投资者方面的重要作用。根据本章的研究结论，可从企业债券市场总体发展、加强中介机构的作用以减少企业私有信息、利率市场化改革以建立竞争性的市场化定价机制等方面提出如下政策建议：

（1）加快发展企业债券市场，提高交易活跃性，促进债券和股票市场的协调发展。我国公司债券市场起步虽然早于股票市场，但是发展却远不如股票市场迅速。由于对债券融资重要性认识不足、企业债券发行和交易制度的不完善、企业自身治理结构，产权和高负债的限制、利率市场化进程缓慢以及缺乏有效的信用评级机制等诸多因素的限制，我国企业债券市场目前仍表现出规模较小、交易不活跃的现状。上述企业债券发展的制约因素与股票市场近年来的快速发展相比，显得极其缓慢。而在欧美发达国家，企业债券作为一种重要的融资方式，其市场规模往往能达到股票市场的3—10倍。根据本章的研究结论，企业债券尤其是可转债在中小企业直接融资过程中，可以凭借其灵活性为投资者提供更多保障。但是我国企业债券的滞后发展却制约了中小企业通过直接融资市场的缓解融资难的进程。因此，我国应加快债券市场的发展，促进债券与股票市场的协调发展，通过提高认识、完善企业债券的发行和交易制度、改善企业公司治理结构、推进企业产权改革、加快利率市场化进程、规范发展信用评级中介机构的社会监督作用等措施来进一步规范和促进企业债券市场的健康有序发展。同时，可以考虑对发行小规模和区域性企业债的中小企业设置企业债券的区域性场外交易市场，进一步降低中小企业的发债成本，提高企业债券交易的积极性，进而促进企业债券的流通。

（2）重视中介机构在中小企业发债过程中的作用，强化社会监督，尽量减少企业的私有信息，缓解信息不对称问题。中小企业融资难的一个重要原因在于企业具有私有信息而导致投融资双方之间存在严重的信息不对称。由于中小企业往往存在内部治理结构不规范、信息披露不及时、缺乏有效抵押物等问题，在向银行借贷或者发行企业债时往往受到银行信贷配给或投资者逆向选择的限制，无疑将加重中小企业的融资约束。在这种情况下，引入和加强中介机构对中小企业的监督作用，通过减少企业私有信息来提高透明度，能够大大缓解信息不对称问题。我国目前参与企业债券运作的中介机构主要包括债券承销商、信用评级机构、会计师事务所和律师事务所。虽然近年来随着国家对企业债券市场发展的日益重视和积极推进，中介机构在企业债券运作过程中的作用日益凸显，但是上述中介机构在推进企业债券发展过程中的重要作用尚未得到充分发挥。因此，需要更加重视和提高中介机构的作用，帮助我国中小企业提高质量以及透明度，包括要求企业债券承销商尤其是主承销商在运行状况、盈利和偿债能力等企业私有信息方面做出更为准确和清晰的判断，进一步提高业务能力；加强并规范信用评级机构对中小企业的评级行为，确保评级结果的公正性和准确性；确保会计师事务所对中小企业进行真实、准确而完整的财务审计；在中小企业发行债券的运作过程中明确律师事务所的职能以及法律认证程序，从而给主管部门是否核准企业债券发行提供重要的法律参照。

（3）加快推进我国利率市场化改革，通过竞争性的市场定价机制进一步减少信息不对称。众所周知，企业债券利率决定了其作为一种金融商品的价格属性，债券利率的高低和付息方式是否合理，将直接决定企业债券是否能够在市场上顺利发行。为了整顿企业债券市场，规范金融发展秩序，治理社会集资并防止企业以高息误导投资者，加强金融风险防范，我国先后出台了若干部企业债券监管条例，包括 1993 年 8 月由国务院颁发的《企业债券管理条例》、2004 年和 2008 年由国家发改委分别发布的《国家发展改革委关于进一步改进和加强企业债券管理工作的通知》和《国家发展改革委关于推进企业债券市场发展、简化发行核准程序有关事项的通知》。这些管理措施在我国企业债券市场发展过程中发挥了重要的作用。但是在当前经济形式和金融市场较快发展的势头下，利率市场化的缺位已经严重限制了我国企业债券的发展。按照上述文件所确定的企业债券利率与资本市场实际利率相比不具备竞争力，导致投资者积极性不高，债券市场流动性不强。同时，将企业债券利率"一刀切"的限定在40%的最高位，而不管企业的信用级别，也造成了优质企业发行债券成本过高，而一般性的中小企业债券利率无法体现风险性收益。这种缺乏价格弹性和风险机制的企业债利率"倒挂"现象将无法反应风险和收益相挂钩的市场规则，阻碍了企业债券市场的健康发展。因此，为了深化金融体制改革，加快企业债券市场建设，应当加快企业债券的利率市场化进程，推进企业债利率的市场化定价机制，根据不同企业的资信水平，信用评级以及债券市场发展情况，充分开放债券市场，由发债企业和主承销商来共同制订适当的债券利率和还本付息方式。

虽然本章的研究可以为我国中小企业融资难问题提供融资契约设计理论支持，具有一定的现实意义，但是至少还存在以下几点不足：第一，谈判力的表现形式有多种，现实中的谈判力并不完全取决于投资方，中小企业在软硬信息上体现出来的优势也能造成企业具有谈判力的局面。因此，未来可以通过引入多投少融的实验局来进一步观察融资方具有谈判力对其契约选择的影响。第二，可转换债券作为一种具有转股期权激励属性的融资契约，与企业融资过程中的控制权动态配置紧密相关，本章的研究仅从实验室实验的角度考察私有信息和谈判力对融资方契约选择的影响，未来可以从私有信息和融资竞争对可转债的控制权动态配置作用的影响角度出发做进一步研究。

第3章 高新技术中小企业研发资产证券化融资契约的实验研究

3.1 研发资产证券化融资契约概述

2015年国务院在《关于深化体制机制改革加快实施创新驱动发展战略的若干意见》中强调了金融创新在我国实施创新驱动发展战略中的功能,提出探索并开展知识产权的资产证券化。资产证券化可通过内在分化和风险整合模式来降低发行人的融资成本和投资者风险,提高企业资本可得性,近年来正逐渐成为提升中小高科技企业信用融资以支持创新的有效方式(Franke 和 Krahnen,2007)。

然而,2007年爆发的次贷危机充分暴露了资产证券化过程中隐藏的金融中介和投资者之间的代理冲突,即金融中介和贷款违约风险承担者即资产证券化债券投资者之间的分离,这种激励的错配对这场违约危机负有重大责任。这是因为在资产证券化的过程中,投资者无法观测到金融中介在筛选资产质量(资产违约概率)时所付出的努力水平,也就无法观察到所购买资产的质量(Parlour 和 Plantin,2008)。金融中介会利用其拥有的信息优势和专业性(Fernandez 等,2012),在签约前通过隐匿资产质量信息采取逆向选择行为,将高质量资产纳入自留层而将低质量资产打包出售给投资者;而在履约过程中金融中介通过隐匿方式采取道德风险行为,在筛选资产时隐藏自身在筛选资产并构建资产池时所付出的努力水平。这种逆向选择和道德风险行为无疑将严重损害投资者的利益,进而对投资者产生负向激励,阻碍投资者的资金经由金融中介流向中小高科技企业的这一现金流向过程(Rajan 等,2010)。针对这一现象,政策制定者和有关学者均强调不对称的激励方式对这场违约危机负有重大责任(Donnelly

和 Embrechts，2010），而目前缺乏促使金融中介依照投资者利益最大化原则行事的适当激励（Donnelly 和 Embrechts，2010；Malekan 和 Dionne，2014）。

因此，中小高科技企业能否通过研发资产证券化融资契约实现成功融资，提高融资效率以支持企业创新的关键在于针对资产证券化债务融资契约设计合理的风险共担机制，促使金融中介在筛选资产时付出足够努力，以降低资产证券化债券的违约概率，从而吸引投资者，保证资产证券化现金流流向企业以支持其创新。基于此，本章在参考 Malamud 等（2013）模型和 Cole 等（2014）的激励契约设计思想的基础上，提出一种将金融中介收益与债券违约概率和投资者的购买行为相关联的激励契约，并探索性地利用实验室实验研究方法检验该契约对金融中介和投资者的激励效应。

实验研究结果发现：①在给定不同质量资产情形下，投资者的购买量存在显著差异，即高违约率资产在资产组合中所占比例越高（低），则投资者愿意购买的数量越少（多），投资者通过购买行为影响金融中介收益，进而提高金融中介筛选努力水平；②金融中介筛选资产时付出的努力水平与债券的首次违约时间、投资者购买量、金融中介的累计收益正相关，即金融中介筛选资产时付出的努力水平越高，则债券首次违约出现的时间越晚，投资者购买量会越高，进而金融中介的收益也会越高。结果表明，将债券违约率和投资者行为作为金融中介收益的决定因素，将能够有效降低金融中介的道德风险行为，实现金融中介和投资者的风险共担，从而促进高新技术中小企业实现顺利融资。

3.2　实验假设的提出

资产证券化过程中，贷款人在筛选借款人申请时，通常会有动力利用其掌握的贷款人信用评分、收入和债务偿付能力等软硬两方面的私有信息，将高质量的贷款留在自己的资产组合中，而将低质量的贷款出售给投资者，从而形成一个柠檬市场，出现逆向选择问题。Agarwal 等（2012）利用 2004—2007 年的抵押贷款数据对抵押贷款的逆向选择问题进行实证研究，发现在主要抵押贷款市场存在逆向选择问题，即银行通常将低违约率的贷款出售至二级市场，而将高违约率贷款留在自己的投资组合中。但是与出售的贷款相比，银行会保留具有更低预付风险的贷款，因此资产证券化将更有利于企业贷款。Benmelech 等（2012）使用两组不同的抵押贷款数据调查抵押贷款证券化中的个体贷款绩效，检验了证券化是否与公司贷款市场中的借贷风险有关，实证结果发现公司贷款证券化中的逆向选择问题没有常人想象中的那么严重，2005 年之前的证券化绩效并不比未证券化的产品绩效差，而 2005—2007 年间的证券化贷款则呈现微弱的低绩效，而在借贷过程中的联合激励机制有可能降低抵押贷款证券化过程中的逆向选择。实现分离均衡的契约能够解决资产证券化的逆向选择问题（Malekan 和 Dionne，2014），即根据不同资产质量状况来对金融中介进行激励，当给定的是高风险（即高违约率）资产时，为了激励金融中介，需要在初始时刻便支付金融中介报酬；而当给定的是低风险（低违约率）资产时，投资者可以根据首次违约出现的时点支付给金融中介一个报酬。这种分离均衡能够有效避免投资者因信息不对称而造成的逆向选择问题，从而提高资产证券化融资效率。具体而言，在给定高违约率资产时，投资者给予金融中介一个低报酬；给定低违约率资产时，投资者给予金融中介一个高报酬。金融中介收益主要体现为通过销售债权获取佣金，因此，投资者购买债券的数量与其支付给金融中介的报酬成正比，由此本章提出假设 3-1：

假设 3-1：在资产证券化情境下，高违约率资产比例越高，投资者购买量越少。

Malamud 等（2013）认为，次贷危机所引起的资产支持证券化市场的混乱致使监管者和市场参与者开始认真考虑以前的不对称激励方式对金融和实体经济部门效率的破坏。因此，需要资产证券化过程中需要引入新的激励机制，为金融中介提供更好的激励，以促使其在监督证券化资产方面付出更多努力。在这一背景下，次贷危机后保留层（Risk Retention）机制和基于动态化支付（Dynamic Payment）的资产证券化激励契约设计已经成为学术界研究的主流。Hartman-Glaser 等（2012）分析了抵押贷款支持证券化的最优激励契约，发现承销商获取报酬的时机是决定激励契约是否有效的关键机制，最优激励契约的到期时间可以缩短，而且资产打包可以让投资者迅速了解金融中介在筛选资产过程中付出的努力水平并提高信息效率，因而是有效的。在 Hartman-Glaser 等（2012）的研究基础上，Malamud 等（2013）构建了一个道德风险情形下的可违约资产证券化的最优联合激励（align incentive）契约模型，提出了一种由投资者根据资产违约状况在事后向金融中介支付报酬的激励机制，发现资产证券化债券投资者向金融中介支付报酬的时间点和报酬的金额大小可根据金融中介所筛选出来的资产的违约状况来决定,即证券化资产首次违约时间点出现的越晚,表明金融中介在筛选资产时付出的努力越大,此时金融中介获得的累计报酬也将更高。更进一步地,金融中介筛选资产时付出更大的努力水平,将进一步降低资产违约概率,减少资产违约次数,投资者则可根据历史累计违约情况改变投资行为,增加对资产证券化债券的购买数量。因此。根据上述分析,本章可得到假设3-2、3-3和3-4:

假设3-2:在资产证券化情境下,金融中介付出的努力越高,则首次违约发生时所处实验期数越大。

假设3-3:在资产证券化情境下,金融中介付出的努力越高,投资者购买证券化产品的数量越大。

假设3-4:在资产证券化情境下,金融中介付出的努力越高,则其累积收益越高。

3.3 实验设计

本章参考了 Cole 等（2014）关于薪酬业绩对信贷人员风险评估（对借款人进行筛选）和放贷行为影响的实验研究中涉及的激励契约设计思想。Yavas 和 Sirmans（2005）指出,实验设计需要在理论所包含的关键要素的基础上尽可能地简化,如此以方便实验参与者能够尽快熟悉实验过程,了解实验情境。同时,实验室实验需要对实验对象进行有效激励,以便参与者能够依照现实情境作出有效决策。考虑到现实经济生活中资产证券化的组合债券涉及的资产数量往往相当庞大,为了便于实验参与者理解且不偏离资产证券化的本质,本章将以一高一低两种违约概率的资产按不同比例进行资产证券化的简化处理。实验利用计算机程序语言编辑构建了一个虚拟的资产证券化的契约关系。

3.3.1 实验模拟契约特征和参数设置

假设有两种不同违约率风险的研发项目,其中 A_1 是以高违约率高收益项目研发资产作为抵押向金融中介申请到的贷款，A_2 是低违约率低收益项目的研发资产作为抵押所获得的贷款，这两个研发项目分别以其研发资产和现金流作为抵押，获得金融中介的贷款。在这两类贷款的基础上模拟三种主要实验情境，即将两类贷款按不同比例构建资产池后发行资产证券化债券产品①。按照研究假设的需求，本章将这三种实验情境共分成3个实验局进行，分别为以高违约率和低违约率资产按7∶3比例构建资产池所发行的研发资产证券化债券、高低违约率资产比例为5∶5的研发资产证券化债券、高低违约率资产比例为3∶7的研发资产证券化债券②。每局实验中每两个实验参与者由计算机系统进行两两随机配对，其中一人扮演金融中介的角色，另外一人扮演投资者角色。虽然现实经济中存在一个金融中介面向多个投资者出售债券的现象，这种多样性可能会造成团体动态性（徐细雄等，2008）和谈判力的不对等（Grunert 和 Norden，2012），但这并非本章研究重点，因此每局实验中各小组只有一个金融中介和一个投资者。

（1）两类不同风险和收益的贷款 A_1 和 A_2

本实验中不考虑市场利率的变动，贷款总额均为100，A_1 和 A_2 的利率分别为10%和5%。投资者可以观察到由这些贷款所组合而成的研发资产证券化债券的面值、利率、违约记录等信息。如果贷款组合所依赖的资产产生的现金流无法支付本息，则发生违约，而一旦发生违约，则投资者有权获取全部现金流，以减少损失。投资者决定选择购买量 $q \in [0, 100]$，该购买量决定投资者对金融中介的付款金额以及金融中介的收益。而为了能对资产的现金流状况有较为准确的把握，金融中介需要付出一定的努力 $x \in (0, 1]$ 去甄别贷款背后的资产质量，x 值越大则表示越努力，且该努力水平对投资者而言是不可观测也不可契约化的内容。努力水平与该资产各期的违约概率和现金流有关，这是因为金融中介在承销这些组合债券时，付出更多努力进行甄别，则更有可能准确把握资产的质量并预测资产的现金流状况。贷款违约率参照 Black 和 Cox（1976）的结构

---

① 由于本实验旨在检验第3章中的资产证券化激励契约对金融中介和投资者的激励约束效应，观察依资产违约状况支付报酬的动态激励方式对防范道德风险和逆向选择问题的影响，实验中的资产证券化关键特征在于资产组合和"打包"（Pooling）而非分层（Tranches），故实验中的资产证券化处理并未严格划分不同等级债券和权益层。

② 在资产证券化情境中，考虑到第3章模型中的逆向选择问题分析涉及的最低成本分离均衡解，需要提供不同风险和违约率水平的证券化契约给金融中介选择，因此本文在实验中设定不同风险资产配比的实验局。

化违约模型①，按 Duffie 和 Singleton（2012）分析资产违约概率问题时的做法进行设定。同时，贷款 A_1 收益高于 A_2，相对应的其风险即违约率也较高，因此设定贷款 A_1 的违约率为 $e^{-1.5x-1}$；A_2 的违约率为 e^{-2x-1}。设定本金为 100 的贷款 A_1 所依赖的资产在各期现金流函数为 $110 - 10e^{-1.5x-1} + 10 random$，本金为 100 的贷款 A_2 在各期现金流为 $105 - 5e^{-2x-1} + 5 random$，$random$ 为 0 到 1 之间的均匀分布函数。这是考虑到：第一，资产的现金流水平要反映金融中介的努力水平 x，因金融中介的努力水平决定了资产质量这一内生因素，而质量反映的是资产的现金流；第二，现金流除了与内生因素相关，还可能会受到经济环境和行业政策变动带来的波动影响，因此加入 $random$。

金融中介在付出一定努力的同时，也会消耗一定成本。由于付出成本会让金融中介得到负效用，因此在计算金融中介的最终收益时需要扣除努力成本。实验中参考 Schotter 和 Weigelt（1992）、Fehr 等（1993）、Nalbantian 和 Schotter（1997）的做法，金融中介在实验过程中被要求输入愿意付出的努力水平 x，x 越高，则债券违约率相应低，最终收益越高，但是努力成本随努力水平的提高而边际递增。因此实验中本章假设金融中介的努力成本函数为 $C = ax^2$。考虑到第 3 章模型中的有限责任约束，即金融中介收益不能为负，设定 $a = 1$。两种贷款的参数取值如表 3-1 所示。

表 3-1　　两类贷款的相关基本参数

资产编号	本金	利率	违约率	努力成本	资产现金流
A_1	100	10%	$e^{-1.5x-1}$	x^2	$110 - 10e^{-1.5x-1} + 10 random$
A_2	100	5%	e^{-2x-1}	x^2	$105 - 5e^{-2x-1} + 5 random$

（2）资产证券化

资产证券化债券分别为高低违约率贷款按照 7∶3、5∶5 和 3∶7 三种配比进行组合的情况，其参数如表 3-2 所示。资产证券化债券的最明显特征在于高质量资产为低质量资产提供了信用提升功能，因为是两项资产同时进入资产池，一旦低（高）质量资产发生违约而高（低）质量资产没有违约，则高（低）质量资产所产生现金流可以补偿低（高）质量资产现金流的不足，确保以整个资

---

① Black 和 Cox（1976）该模型是目前分析和计算违约概率的基准参考模型。Duffie 和 Singleton（2003）针对这一模型进行了具体分析和应用。

产池为基础的资产证券化债券具有比单个资产为基础的债券更低的违约率，从而为资产证券化债券提供更稳定和更有保障的收益，两种资产产生的现金流起到信用提升作用。与单个资产相比，由多种资产组合的资产证券化债券的违约率和回收率均有所差异，会根据资产池现金流的具体情况而有所不同，投资者观察到的资产证券化债券的违约信息是信用提升过程之后的违约状况。此外，金融中介的努力水平对投资者而言也是不可观测也不可契约化的内容。对于两种不同等级的贷款，待资金池子里产生现金流后，先偿还低风险部分的利息，然后再偿还高风险部分，最后如有剩余，则全部归中介所有。若债券发生违约，因风险与收益匹配，因此先保障低风险部分持有者的本息，再保障高风险持有者的本息。

表3-2　　　　　　　　　资产证券化债券的基本参数

债券类别	资产	本金	利率	违约率	努力成本	资产现金流
B_1	A_1	70	10%	$e^{-1.5x-1}$	x^2	$0.7(110-10e^{-1.5x-1}+10random)$
	A_2	30	5%	e^{-2x-1}		$0.3(105-5e^{-2x-1}+5random)$
B_2	A_1	50	10%	$e^{-1.5x-1}$	x^2	$0.5(110-10e^{-1.5x-1}+10random)$
	A_2	50	5%	e^{-2x-1}		$0.5(105-5e^{-2x-1}+5random)$
B_3	A_1	30	10%	$e^{-1.5x-1}$	x^2	$0.3(110-10e^{-1.5x-1}+10random)$
	A_2	70	5%	e^{-2x-1}		$0.7(105-5e^{-2x-1}+5random)$

3.3.2　实验流程

本章设计各个实验局的流程如图3-1所示。具体而言，待所有实验参与者登陆实验客户端之后，计算机会为每位参与者在后台随机分配一个角色：金融中介或者投资者，且角色一旦分配，在后续所有实验局中其角色均不再改变。同时，系统还会自动为每一种角色进行一对一的随机配对，这种随机性保证了实验参与者相互之间是匿名进行实验，因而避免实验参与者之间串谋的可能，保证实验结果的可靠性。在分配角色之后，每期实验均按照如下五个步骤进行（见图3-1）。

（1）系统初始化，计算机系统给每个参与者分组并配对角色，同时为参与

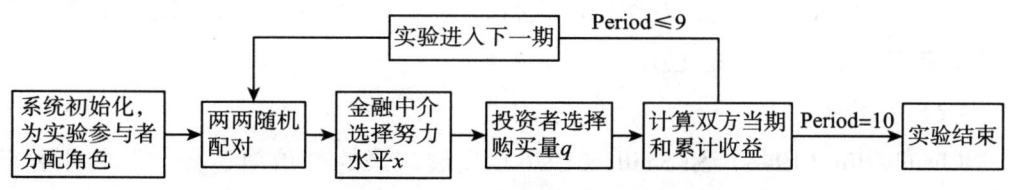

图 3 – 1　资产证券化各实验局具体实验步骤

者说明该轮实验的情景，双方进入决策界面；

（2）金融中介根据上一期的债券违约和支付状况以及收益情况选择努力水平 x；

（3）投资者根据相关信息选择本期实验愿意购买的债券数量 q；

（4）计算机在后台根据金融中介输入的努力水平 x 和随机生成的外部影响 $random$ 计算该期现金流，该现金流作为项目收益在金融中介和投资者之间进行分配；

（5）收益清算，给双方显示当期收益以及截止到当期的总收益，进入下一期实验。需要说明的是，实验的前 9 期均执行上述步骤（2）到步骤（5）的循环，到第 10 期收益清算步骤完成之后，系统自动判断实验结束。

3.3.3　实验参与者与激励

（1）实验参与者

Falk 和 Fehr（2003）认为，高年级本科生和低年级研究生是参与经济管理类实验的最合适主体，因这类参与者经历过系统化的经济管理理论训练，能够更好更迅速地理解实验逻辑，且由于学生尚未接触实际工作，不存在思维定势，实验结果容易与实验研究主题保持一致性。因此国际上绝大部分实验室实验均是使用高年级本科生或者低年级研究生作为实验参与者。本实验的参与者为西安交通大学管理学院 2014 级硕士研究生，这些学生此前都有较系统地接受过公司理财、公司金融和博弈论等相关课程，因此通过实验前的讲解能够较快熟悉实验过程中所涉及的概念及思想。此外，Ashton 和 Kramer（1980）、Houghton 和 Hronsky（1993）以及 Liyanarachchi 和 Milne（2005）等专门使用学生和实务人员进行实验以检验两类参与者的差别，发现在投资决策类博弈实验中，学生是有经验的实务人员的有效替代者。因此本实验使用学生作为参与者是合适的。整个实验共有 40 人参与，分 20 组同时进行，参与人数和实验期数保证了最终实验结果在数理统计上的有效性。

（2）实验激励

Chamberlin（1948）和 Smith（1976）发展起来的"价值诱导法"特别强调实验中金钱激励的重要性。因此本次实验主要采用金钱激励的方式。此外，Bull 等（1987）发现排序锦标赛理论能够很好地解释实验室实验中受试者的一般行为。因此，本章中的证券化实验主要采取基于排名顺序进行金钱刺激的激励方式，对不同角色的受试者最终累计收益分角色进行排名，并基于该排名对实验参与者进行价值诱导和激励。

为了保证被试学生能够认真积极地参与实验，本次实验分别针对不同的角色进行奖励并在实验开始之前详细说明本次实验的奖励规则。具体规则为：①按照不同角色，根据各实验参与者在全部 3 局实验中的最终累计收益进行排名并实行奖励；②每种角色设置 2 名一等奖，4 名二等奖，6 名三等奖。其中一等奖 60 元，二等奖 45 元，三等奖 30 元；③为了保证对其他未获奖的参与者奖励，实现价值诱导过程，实验采用出场费与排名奖励相结合的方式，给予未获奖参与者每人 10 元出场费。Smith（1994）非常强调实验参与者在实验过程中所投入的客观成本对实验可能造成的影响，认为若参与者投入的客观成本过高且无法得到适当补偿，则会出现消极怠工，最终导致实验的失败。本次实验平均货币激励强度达到了每人 12.6 元/小时，而西安交通大学勤工助学的平均工资为 8 元/小时，因此实验符合 Smith 关于客观成本补偿的要求。特别地，本次实验作为《高级管理学》课堂学习的一部分，并不占用这些学生额外的时间，大大降低了学生参与实验的机会成本，从而增强实验的激励效果。万迪昉（2005）认为，价值诱导在将学生作为被试者的实验中是必不可少的，但仅靠物质激励并不够，另一个重要的诱导来自对学生获取新知积极性的调动，合理的分数结构是有效激励方式之一，故本实验在一定物质激励的同时还采用了将实验结果与课程成绩挂钩的做法，实验参与者的最终收益和排名将在《高级管理学》课程的期末上成绩上予以体现。

3.3.4 变量说明

根据假设 3-1 至假设 3-4，实验分析中涉及的变量包括金融中介努力水平、是否违约信号、截止到当期累计违约次数、投资者购买量、现金流、金融中介和投资者各期收益和最终累计收益、首次违约所处实验期等。各变量的定义如表3-3所示。

表3-3 资产证券化实验的主要变量定义

变量	变量描述	变量定义
x	努力水平	金融中介筛选进入资产池中资产时所付出的努力水平,取值为（0,1]
q	购买量	投资者所购买的债券或者证券化产品数量
d	违约信号	若当期现金流不足以还本付息,则为1,否则为0
dn	累计违约次数	截止到当期,$d=1$的期数之和
cf	现金流	资产池中资产每期所产生的现金流
pi	投资者收益	投资者收益
pm	金融中介收益	金融中介扣除成本之后的收益
tpi	投资者累积收益	截止到当期,投资者总收益
tpm	金融中介累积收益	截止到当期,金融中介扣除成本之后的总收益
$risk$	风险倾向	金融中介和投资者的风险偏好水平,取1到5的数值,值越大说明越偏好风险
$period$	期数	实验所处的期数

3.4 实验过程

3.4.1 实验准备

本次实验在西安交通大学管理学院进行,参与者之间安装了隔板并隔坐而坐。在正式开始前,还完成了以下两项准备工作:

(1) 对实验进行详细的讲解。主要包括参与者认真浏览实验设计和流程的实验说明书(见附录B,包含实验手册,实验程序和实验界面)。并向参与者讲解此次实验的规则、流程及激励考核方式,使每位参与者都充分熟悉实验并作出最大化其收益的决策。

（2）预实验。正式实验开始前，使学生们参加 2 期非正式实验，了解实验的界面和需要作出哪些决策。若有问题，现场的助教可为其做出解释。以确保每个学生都是充分了解后参与的正式实验。整个实验实施过程持续约 90 分钟，其中讲解和答疑时间为 30 分钟，预实验和正式实验耗时约 60 分钟。

3.4.2 实验软件和界面

在实验室实验之前，采用瑞士苏黎世大学 Fischbacher（2007）开发的 z-Tree 实验平台编写了本次实验的计算机程序，构建网络化的微观经济环境，实验参与者在这一环境中进行独立决策。实验过程中，实验程序在后台服务器上运行，实验研究人员可以在服务器上实时观测到实验控制情况，包括实验进展和未决策人员等。实验参与者则在各自的计算机终端上根据显示信息进行独立决策，该进程受服务器实验程序控制。实验参与者所有的输入、输出数据和实验期间产生的其他数据均由 z-Tree 程序自动保存在服务器硬盘中。

3.4.3 实验参与者的风险偏好测量

经济活动中行为人的风险偏好能对经济投资行为产生很大的影响，尤其是研发投入这类高风险投资行为，风险偏好的影响则更不容忽视。在实验中为了控制风险偏好对回归结果的影响，本章在预实验之前测量了实验参与者的风险偏好。谢识予（2007）认为经济学实验是研究和测量经济主体风险偏好的最有效方法。Camerer（2008）提出了两种处理实验室实验参与者风险态度的方法，一种是假设所有参与者风险偏好为中性；另一种则是独立地对参与者进行风险测量，用测量值代表参与者在实验过程中的风险偏好。本实验通过测度参与者的风险偏好，观察不同风险偏好的金融中介和投资者分别在努力水平和购买量方面存在的系统性差异，从而揭示不同证券化融资契约对不同风险偏好参与者的激励约束效应。实验参考 Ederer 和 Manso（2013）、Luo 等（2011）的风险测量问卷（见附录 C），在预实验之前测量实验参与者的风险倾向。问卷量表中共有 5 个问题，每个问题均由只有两个情境可供选择的选项构成，选择情境 A 可获得一个固定的收入，而选择情境 B 则有 50% 的可能获得一个高于确定收入的高收入，而另 50% 的可能获得一个地狱确定收入的低收入。设选择情境 A 的得分为 0，选择情境 B 的得分为 1。数据处理时将每个人在 5 个问题上的选项进行分数加总，分数越高则说明该参与者风险偏好程度越高，分数越低说明其风险规避程度越高。

3.4.4 实验内容

整个实验总共分 3 局，每个实验局进行 10 期，实验的基本信息如表 3-4 所示。设定这个实验期数主要是因为：①设定 10 期保证足够的样本量，实验结果的统计意义更强；②多期实验可尽量剔除实验过程中金融中介和投资者角色在决策时所受偶发因素的影响；③证券化实验维持 10 期，是因为根据我国学者测算，我国企业平均研发周期为 4-5 年（李旭和余璐玥，2011；蔡虹和许晓雯，2005），而研发成功之后企业的研发成果还有若干年技术优势可保证稳定的现金流，因此设定 10 期也较合理。

表 3-4　　　　　　　　资产证券化实验的基本信息

情境	债券类别	参与人数		期数	观测值
		金融中介	投资者		
Ⅰ	资产证券化债券 B_1	20	20	10	200
Ⅱ	资产证券化债券 B_2	20	20	10	200
Ⅲ	资产证券化债券 B_3	20	20	10	200

3.4.5 实验收益计算

实验各期收益均由 z-Tree 程序根据参与者的决策输入在计算机后台计算并保存。收益计算在当期产生的现金流基础上进行分配，均指的各方的纯收益，即投资者要扣除投入的本金，只计算其利息收入，而金融中介收益为扣除偿还给投资者的本息和自身努力成本之后的剩余。同时，债券违约或者不违约状态下收益分配也有所差异。在违约情况下，当期产生的现金流要全部归投资者所有，以弥补其损失；在不违约情况下，当期产生现金流先支付投资者的本息，剩余部分才能分配给金融中介。此外，需要说明的是，投资者购买量 $q \in [0,$

100]，因此收益的分配应该视 q 的具体大小按比例计算。各实验局中不同角色的期望收益计算见附录 B。

3.5 实验结果分析

3.5.1 主要变量的描述性统计

本章实验数据处理软件为 Stata 10.0。描述性统计结果如表 3-5 所示。从表中数据可以看出，情境Ⅰ、Ⅱ和Ⅲ中金融中介努力水平 x 之间的差异较为明显（三种情境中 x 的均值分别为 0.653，0.617 和 0.675），但是进一步分析投资者购买量 q 可发现，高风险高收益资产占比越高，则投资者购买量越低，即投资者愿意支付报酬的金额越低（三种情境中 q 的均值分别为 91.053，93.105 和 95.947）。从资产配比和债券违约率来看，违约信号变量 d 的均值分别为 0.074、0.058 和 0.053，违约信号 d 的差异也会进一步传导到累计违约次数 dn，资产证券化债券情境Ⅰ、Ⅱ和Ⅲ中累计违约次数 dn 的均值分别为 0.474、0.321 和 0.353，说明违约率和累计违约次数与资产配比相一致。再从收益来看，对比不同资产组合情形下资产证券化实验局中的双方收益，可发现随着高违约率资产比例的降低，金融中介和投资者的收益均有所提高，这一结果基本支持假设 3-1。上述结果说明，资产证券化债券中不同贷款或资产的组合方式会影响投资者的投资意愿和金融中介的收益水平。

表 3-5　　不同情境下各实验变量描述性统计结果

情境	统计量	x	q	d	dn	cf	pi	pm	tpi	tpm	$risk$
Ⅰ	mean	0.653	91.053	0.074	0.474	111.654	7.324	2.480	39.294	13.415	2.974
Ⅰ	median	0.700	100.000	0.000	0.000	111.733	8.500	2.362	38.250	12.880	3.000
Ⅰ	sd	0.281	20.287	0.262	0.760	2.228	2.403	2.013	24.242	9.326	0.844
Ⅱ	mean	0.617	93.105	0.058	0.321	110.240	6.702	2.160	36.543	11.716	2.974
Ⅱ	median	0.600	100.000	0.000	0.000	110.147	7.500	2.165	36.000	10.242	3.000
Ⅱ	sd	0.284	18.587	0.234	0.560	1.739	1.801	1.646	21.224	8.139	0.844

续表

情境	统计量	x	q	d	dn	cf	pi	pm	tpi	tpm	risk
Ⅲ	mean	0.675	95.947	0.053	0.353	108.843	6.041	1.780	32.968	9.769	2.974
	median	0.700	100.000	0.000	0.000	108.934	6.500	1.795	32.500	9.467	3.000
	sd	0.295	14.379	0.224	0.578	1.380	1.227	1.244	18.342	6.325	0.844

3.5.2 不同违约率资产的配比与投资者购买量之间的关系

Malamud 等（2013）模型针对动态化的资产证券化激励契约提出了分离均衡契约以解决逆向选择问题，即给定资产质量前提下，投资者根据金融中介选择的契约类型支付报酬。本实验借鉴 Malamud 等（2013）的理论模型思想，即给定高违约率资产，投资者支付给金融中介的报酬较少（反映为较低的购买量）；而给定低违约率资产时，投资者支付的报酬较多（购买量大）。表 3-5 中的描述性统计结果已初步支持了假设 3-1。下面进一步通过 oneway 方法得到检验结果如表 3-6 所示。

表 3-6 不同资产证券化情形下投资者购买量 q 的 ANOVA 分析结果

分类	离差平方和	自由度	均方	F 值	显著性概率
组间方差	1070.486	2	535.243	4.16	0.016
组内方差	136769.664	1063	128.664		
总值	137840.15	1065	129.427		
均差的巴莱特检验		chi2（2）= 25.806		Prob > chi2 = 0.000	
均值差		Ⅰ		Ⅱ	
Ⅱ		1.769 * (0.100)			
Ⅲ		1.283 ** (0.017)		0.587 (1.000)	

注：（1）上面的值为不同组平均值的差值，如 1.283 表示在第 3 组和第 1 组因变量 period 平均值的差值为 1.283，括号中的值为 p 值。（2）*，**，*** 分别表示在 10%，5% 和 1% 的统计水平下显著。

表 3-6 的结果表明，按不同资产违约率进行组合，投资者购买量存在显著差异（p = 0.016）。高低违约率资产 5∶5 的实验局比 7∶3 的实验局中投资者购

买量在 10% 的置信水平下要高 1.769；高低违约率资产 3∶7 中的 q 比 7∶3 的实验局中的 q 在 5% 的置信水平下要高 1.283；高低违约率资产 3∶7 和 5∶5 实验局中，投资者购买量不存在显著差异。同样，为了保证结果的稳健性我们同时采用 Mann – Whitney U 的非参数检验方法和 t 检验进行两两配对分析，结果如表 3 – 7 所示。最终发现与 ANOVA 结果基本不存在差异。上述结果基本支持了假设 3 – 1，即给定更多的高违约率资产时，投资者购买量会更少，该结果为第 3 章理论模型关于逆向选择问题的结论提供了实验证据。

表 3 – 7　　　　不同资产证券化情形下投资者购买量 q 的
Mann – Whitney U 检验和 t 检验

配对类型	样本	秩和	期望秩和	Prob > | z |	不等概率的 T 检验
Ⅰ — Ⅱ	200	122671	127985	0.005	$P\{\varphi(Session=3)<\varphi(Session=4)\}=0.032$
	200	132584	127270		
Ⅰ — Ⅲ	200	117597	127269	0.000	$P\{\varphi(Session=3)<\varphi(Session=5)\}=0.010$
	200	134808	125136		
Ⅱ — Ⅲ	200	121906	126202	0.004	$P\{\varphi(Session=4)<\varphi(Session=5)\}=0.473$
	200	129080	124784		

3.5.3　金融中介努力程度与首次违约时间之间关系

首先对金融中介在各期输入的努力水平进行正态性检验。同样地，为了分析方便，本章将 period 按照 e 的不同大小进行分组，设定 $x \leqslant 0.4$ 时为第 1 组，$0.4 < x \leqslant 0.6$ 时为第 2 组，$0.6 < x \leqslant 0.8$ 时为第 3 组，$x > 0.8$ 时为第 4 组。之所以如此分组，主要是考虑到数据分布的均衡性，避免后续处理过程中出现统计偏差。本次实验采用 Shapiro – Wilk 方法对变量 x 进行正态性检验，结果如表 3 – 8 所示。

表 3 – 8　　　　变量 period 的 Shapiro – Wilk 正态检验

分组	样本量	顺序统计量	Z 值	P 值
1 组（$x \leqslant 0.4$）	60	0.972	0.905	0.187
2 组（$0.4 < x \leqslant 0.6$）	50	0.991	1.959	0.975
3 组（$0.6 < x \leqslant 0.8$）	80	0.964	1.966	0.986
4 组（$x > 0.8$）	82	0.969	2.473	0.993

表 3-8 对各组数据的正态性检验结果表明,各组的 P 值均大于 0.05,因此可以认为首次违约所处实验期 $period$ 服从正态分布。下面进一步用 oneway 方法进行方差分析,以判断各组样本之间是否存在显著性差异。结果如表 3-9 所示。

表 3-9　不同努力水平下首次违约时间 $period$ 的 ANOVA 分析结果

分类	离差平方和	自由度	均方	F 值	显著性概率
组间方差	306.038	3	102.013	14.71	0.000
组内方差	1858.182	268	6.934		
总值	2164.221	271	7.986		
均差的巴莱特检验		chi2 (3) = 16.871		Prob > chi2 = 0.000	
均值差		1	2	3	
2		1.367** (0.043)			
3		1.283** (0.028)	2.650*** (0.000)		
4		1.414** (0.011)	2.780*** (0.000)	0.130 (1.000)	

注:(1)上面的值为不同组平均值的差值,如 1.283 表示在第 3 组和第 1 组因变量 $period$ 平均值的差值为 1.283,括号中的值为 p 值。(2) *,**,*** 分别表示在 10%,5% 和 1% 的统计水平下显著。

表 3-9 的结果表明,将首次违约时间按不同努力水平进行分组,在不同努力水平下,首次违约时间存在显著差异(p=0.000)。2、3 和 4 组首次违约时间与 1 组首次违约时间均在 5% 的置信水平下存在显著差异,且分别平均推迟 1.367、1.283 和 1.414 期。3 组和 4 组首次违约时间与 2 组首次违约时间均在 1% 的置信水平下存在显著差异。值得注意的是,4 组和 5 组首次违约时间并不存在显著差异。为了保证结果的稳健性我们同时采用 Mann-Whitney U 的非参数检验方法和 t 检验进行两两配对分析,结果如表 3-10 所示。最终发现与上述结果不存在差异。上述结果基本支持了假设 3-2。

表3-10 不同努力水平分组下首次违约时间的 Mann-Whitney U 检验和 t 检验

配对类型	样本	秩和	期望秩和	Prob > |z|	不等概率的T检验
1—2	60	2447	2775	0.047	$P\{\varphi(Group=1)<\varphi(Group=2)\}=0.010$
	50	3658	3330		
2—3	50	2143	3275	0.000	$P\{\varphi(Group=2)<\varphi(Group=3)\}=0.000$
	80	6372	5240		
3—4	80	6442	6520	0.792	$P\{\varphi(Group=3)<\varphi(Group=4)\}=0.748$
	82	6761	6683		

为了进一步控制影响首次违约时间的其他因素，本章在控制投资者购买量 q 以及参与者风险态度 risk 的基础上，以实验期 period 为因变量，运用多元回归分析方法研究金融中介努力水平对首次违约时间的影响，回归结果如表3-11所示。

表3-11 金融中介努力水平对首次违约时间影响的回归结果

变量	session = Ⅰ 回归（1）	session = Ⅱ 回归（2）	session = Ⅲ 回归（3）	全样本 回归（4）
x	5.061*** (4.98)	4.247*** (3.10)	2.908** (2.37)	3.635*** (5.52)
q	0.081*** (6.25)	0.134*** (3.69)	0.243** (2.56)	0.083*** (6.33)
risk	0.788** (2.17)	-0.588 (-1.44)	0.228 (0.73)	-0.073 (-0.40)
_cons	-6.527*** (-4.22)	-8.005** (-2.20)	-21.022** (-2.18)	-4.196*** (-3.16)
R^2	0.515	0.273	0.129	0.251
$adj-R^2$	0.496	0.240	0.097	0.242
F	28.27***	8.26***	4.05***	26.37***

注：（1）因变量为不同努力水平下首次违约时间 period；（2）***，**，*分别表示双尾检验1%、5%和10%的显著性水平；（3）括号内为使用White（1980）方法调整异方差之后的 t 值。

从表3-11可以看出，除 session=Ⅲ 即高低违约率资产3:7的实验局中金

融中介努力水平 e 的回归系数在5%的统计水平上均显著为正，其他证券化情境下均在5%的统计水平上显著。说明金融中介付出的筛选努力水平越高，则首次违约出现的时间越晚。回归结果进一步验证了假设3-2，说明金融中介的高努力水平能够提升资产质量，推迟首次违约时间，这一研究结论为第3章中的理论模型研究结论提供了实验研究证据。

3.5.4　金融中介努力程度与投资者购买量之间的关系

根据 Malekan 和 Dionne（2014）模型的理论分析结论，金融中介提高努力水平 x 会推迟首次违约时间，降低资产违约率，从而获得一个高报酬，而金融中介所得的报酬由投资者转移而来，即金融中介得到收益是因为投资者提高了购买资产证券化产品的数量 q。由此分析，可知金融中介提高筛选努力水平 x 会降低资产违约率，从中反映出来的信息会使投资者提高购买量 q，这也正是假设3-3表达的内容。下面将金融中介努力水平 x 作为自变量，在控制可能对投资者购买量 q 产生影响的其他因素（包括是否违约 d、累计违约次数 dn、风险态度 $risk$）的条件下，对投资者购买量 q 进行回归分析，结果如表3-12。

表3-12　金融中介努力水平对投资者购买量影响的回归结果

变量	session = Ⅰ 回归（1）	session = Ⅱ 回归（2）	session = Ⅲ 回归（3）	全样本 回归（4）
x	7.736*** (2.85)	4.528** (2.17)	2.921 (1.06)	2.361* (1.65)
d	-6.143** (-2.32)	5.366** (2.23)	7.806** (2.16)	0.639 (0.39)
dn	-4.487*** (-4.82)	-5.412*** (-5.46)	-6.076*** (-4.70)	-5.022*** (-8.40)
$risk$	0.154 (0.19)	1.873*** (3.01)	2.258*** (2.79)	1.455*** (3.37)
$\_cons$	94.134*** (32.82)	91.717*** (38.16)	90.851*** (31.52)	92.014*** (58.84)
R^2	0.125	0.125	0.074	0.091
$adj-R^2$	0.115	0.115	0.063	0.088
F	12.60***	12.51***	6.90***	26.58***

注：（1）因变量为投资者购买量 q；（2）***，**，*分别表示双尾检验1%、5%和10%的显著性水平；（3）括号内为使用 White（1980）方法调整异方差之后的 t 值。

从表 3-12 的回归结果来看，在控制当期违约情况 d、累计违约次数 dn 和风险偏好 $risk$ 的条件下，高低违约率资产比为 7∶3 和 5∶5 时金融中介努力程度 x 的回归系数分别在 1% 和 5% 的统计水平上显著；高低违约率资产比为 3∶7 时金融中介努力程度 x 的回归系数不显著。将所有资产组合情形汇总之后进行回归，金融中介努力程度 x 的回归系数在 10% 的统计水平上显著。回归（1）到回归（4）的结果说明，金融中介提高努力水平能够带来投资者购买量的提升，金融中介努力水平会通过资产质量传递给投资者，该结果支持了假设 3-3，且与第 3 章中的研发资产证券化债务融资契约能够防范道德风险的结论一致，为理论模型提供了实验证据。进一步观察控制变量的回归系数，发现累计违约次数 dn 和风险偏好 $risk$ 均对投资者的购买量产生显著影响，累计违约次数越少，则投资者购买量越高；对风险越偏好，则购买量越高。

3.5.5 金融中介努力程度与收益之间关系

沿用本章分析金融中介努力程度对投资者购买量的影响所使用的分析方法，将金融中介努力水平 x 作为自变量，控制可能对金融中介收益产生影响的因素，分别对金融中介当期收益 pm 和累计收益 tpm 进行回归分析，得到的结果如表 3-13 所示。其中栏目 A 的因变量为 pm，栏目 B 的因变量为 tpm。

表 3-13 中的结果显示，除了高低资产按 3∶7 组合的实验局，其他资产组合下的证券化情境中金融中介努力水平 x 的回归系数均在统计意义上显著。而回归（3）和回归（8）中 x 的系数不显著，一个可能的解释是此时高低违约率资产比率为 3∶7，由于高违约率资产占比较低，虽然金融中介可以通过提高努力来降低资产组合整体违约率，以此增加收益，但是由于努力成本是边际递增的（实验中设定努力成本为 $C = x^2$），当提高努力带来的收益不能补偿因努力提高而快速增长的成本时，进一步提高努力水平并不会给金融中介带来正的收益。尽管如此，回归结果总体上仍能够说明，金融中介提高努力水平 x 可以有效提升自身在当期获得的收益和累计收益。同时对比栏目 A 和栏目 B 中 x 的回归系数和显著性水平可知，高努力水平对累计收益的提升效果比单期收益的提升效果更好。上述结果基本上支持了假设 3-4，为理论模型提供了实验证据。

表 3-13　　金融中介努力水平对其收益影响的回归结果

变量	栏目 A			
	session = Ⅰ	session = Ⅱ	session = Ⅲ	全样本
	回归 (1)	回归 (2)	回归 (3)	回归 (4)
x	1.039** (2.27)	0.625* (1.76)	0.035 (0.13)	0.487** (2.27)
q	0.032*** (3.69)	0.029*** (3.16)	0.028*** (5.42)	0.028*** (6.21)
$risk$	0.025 (0.18)	0.060 (0.53)	0.087 (1.08)	0.062 (0.95)
d	-2.639*** (-6.17)	-2.527*** (-6.18)	-2.624*** (-7.81)	-2.251*** (-10.76)
dn	-0.139 (-0.90)	-0.043 (-0.25)	-0.007 (-0.05)	-0.049 (-0.56)
$\_cons$	-1.214 (-1.39)	-1.136 (-1.28)	-1.185** (-2.12)	-0.968** (-2.12)
R^2	0.060	0.044	0.085	0.046
$adj-R^2$	0.052	0.036	0.077	0.043
F	7.55***	5.36***	10.79***	17.04***

变量	栏目 B			
	session = Ⅰ	session = Ⅱ	session = Ⅲ	全样本
	回归 (5)	回归 (6)	回归 (7)	回归 (8)
x	5.056*** (2.60)	5.339*** (3.21)	1.015 (0.71)	3.596*** (3.59)
q	0.293*** (8.06)	0.266 (6.18)	0.114*** (4.12)	0.207*** (9.90)
$risk$	0.585 (1.00)	0.354 (0.67)	0.572 (1.36)	0.512* (1.67)
d	-0.418 (-0.22)	-2.995 (-1.48)	-5.192*** (-2.72)	-2.380** (-2.05)
dn	0.072 (0.10)	1.598* (1.85)	-0.144 (-0.21)	0.307 (0.70)
$\_cons$	-18.972*** (-5.10)	-18.015*** (-4.32)	-3.357 (-0.14)	-11.804*** (-5.53)
R^2	0.193	0.141	0.050	0.110
$adj-R^2$	0.186	0.134	0.058	0.107
F	28.21***	19.25***	7.17***	43.51***

注：(1) 栏目 A 的因变量为金融中介当期收益 pm，栏目 B 因变量为金融中介累计收益 tpm；(2) ***，**，* 分别表示双尾检验 1%、5% 和 10% 的显著性水平；(3) 括号内为使用 White (1980) 方法调整异方差之后的 t 值。

3.6　研究结论及政策建议

3.6.1　研究结论

本章在参考 Malamud 等（2013）模型和 Cole 等（2014）的激励契约设计思想的基础上，提出一种将金融中介收益与债券违约概率和投资者的购买行为相关联的激励契约，并探索性地利用实验室实验研究方法检验研发资产证券化契约对金融中介和投资者的激励效应。

结果发现：①在给定不同质量资产情形下，投资者的购买量存在显著差异，即高违约率资产在资产组合中所占比例越高（低），则投资者愿意购买的数量越少（多），投资者通过购买行为影响金融中介收益，进而提高金融中介筛选努力水平；②金融中介筛选资产时付出的努力水平与债券的首次违约时间、投资者购买量、金融中介的累计收益正相关，即金融中介筛选资产时付出的努力水平越高，则债券首次违约出现的时间越晚，投资者购买量会越高，进而金融中介的收益也会越高。结果表明，将债券违约率和投资者行为作为金融中介收益的决定因素，将能够有效降低金融中介的道德风险行为，实现金融中介和投资者的风险共担。上述结论说明了在资产证券化激励契约的设计中，应充分发挥以资产违约状况支付报酬的动态激励方式对金融中介和投资者双方的激励作用。实验的具体结果如表 3－14 所示。

表 3－14　　　　资产证券化实验结果与假设预测

假设	假设内容	检验结果	是否通过检验
3－1	在证券化情境下，高违约率资产比例越高的实验局，投资者购买量越少	高违约率资产越多，购买量越少	通过
3－2	在资产证券化情境下，金融中介付出的努力越高，则首次违约发生的时间越往后	呈正相关关系	通过
3－3	在资产证券化情境下，金融中介付出的努力越高，投资者购买证券化产品的数量越大	呈正相关关系	通过
3－4	在资产证券化情境下，金融中介付出的努力越高，则其累积收益越高	呈正相关关系	通过

3.6.2 政策建议

高新技术中小企业受限于高创新风险、信息不对称、公司治理机制不完善，一直以来存在融资难融资贵问题。本章的研究表明，中小高科技企业要通过资产证券化融资契约实现成功融资以支持创新，需要在设计合理的支付结构前提下，改革目前资产证券化产品的契约形式，可以将目前的事前支付（即投资者在无资产信息前购买资产证券化债券并付款给承销机构）激励机制转变为事后支付（即投资者根据所购买的资产证券化债券发生违约的次数和时间点来决定支付何时与承销商结款以及结款数额），将金融中介所得收益与其所构建资产池的收益和质量挂钩，按照事后所反映出来的信息给予支付，以此作为一种与投资者进行风险分担的创新性机制，可有效控制金融中介的道德风险，提高其筛选备选资产的努力，也能降低投资者风险和逆向选择行为，从而提高中小企业的融资效率。

第4章 高新技术中小企业可转债融资契约的实验研究

4.1 可转债融资契约概述

高新技术中小企业主要通过不断创新研发保持自身竞争优势，而创新研发过程中的信息不对称和专用资产抵押价值较低导致创新型企业难以获得资本市场青睐，因此，要解决高新技术中小企业融资难问题，有两个主要途径：第一，需要加强中小企业的信息披露方式，规范企业的信息披露流程，尽量降低企业内部和外部之间的信息不对称程度；第二，在既定的信息不对称程度下，通过相关融资契约的设计，激励相容机制的设计，在融资过程中降低信息不对称的影响。

国内外资本市场的实务操作经验显示，可转换债券在国内外均是针对规模较小、风险较高但是成长较快的高科技企业而设计和发行。在发行过程中通过可转换债券具体条款的设计，能够有效缓解投融资双方的信息不对称所带来的道德风险和逆向选择问题。这样企业在降低融资成本的同时，也能够通过可转换债券的激励相容约束机制，实现企业公司治理方面的提升，从而适应现代化企业制度所带来的变革，产生较为深远的影响。但是对我国资本市场而言，由于我国资本市场起步较晚，相关的融资品种出现较晚，监管层为了降低市场波动，控制系统性风险，可转债的发行往往只针对那些规模大、盈利能力强以及风险较低的上市公司，从而逐渐成为了上市公司的"后门权益融资"渠道，这无疑为大量的高新技术中小企业融资设置了较高的门槛，不利于实现我国金融市场对企业创新的支持和促进作用。正是基于上述现实背景，自1993年我国第一只可转债"深宝安"发行以来，我国的可转债市场发展非常缓慢，更遑论通过可转债提升企业的公司治理水平。实际上，可转换债券作为一种能够通过具体条款的设计来对投融资双方进行激励相容的融资工具，可以在减少信息不对称的同时缓解道德风险和逆向选择问题，且具有连续融资方面的独特优势，应当成为高新技术中小企业在发展过程中，尤其是企业进入快速增长阶段之后的重要融资工具。

目前已经有许多学者针对可转债融资契约的激励约束功能进行了探索。如在降低道德风险方面，Casamatta（2003）分析了风险资本融资中投资者和企业家之间的双边道德风险问题，分析结果表明，相对于权益融资，向风险投资者发行可转换债券更有利于激励企业家提高努力水平。而在缓解逆向选择方面，Habib 和 Johnsen（2000）以及 Dessi（2005）等研究发现可转债可诱导真实的信息披露，引导有效率的继续投资或清算决策，保护投资者利益。Cornelli 和 Yosha（2003）认为可转换债券内嵌的转股期权可大大降低企业家通过操纵信号粉饰财务报表的价值。

早期关于可转债的理论研究主要遵循传统的信息经济学和委托代理分析框架。随着不完全契约理论的兴起，许多学者开始尝试从不完全契约以及控制权相机配置的视角来分析可转债的激励约束效应。如 Aghion 和 Bolton（1992）在不完全契约基础上分析了控制权依信号的动态配置对投融资双方激励约束效应的影响。Berglöf（1994）通过不完全契约模型分析了风险投资者的退出机制，认为可转换债券既可以保护投资者的利益也能够保护企业家私人利益免受损失。随着对可转债契约研究的进一步深入，学者们开始研究可转债具体条款的激励作用。如 Isagawa（2000）在 Mayers（1998）的研究基础上论证了带有可赎回条款的可转债在抑制管理者机会主义行为方面的独特优势，因此设计得当的可转债有利于阻止管理者投资决策过程中的机会主义行为。Isagawa（2002a）从管理者堑壕视角出发构建模型，揭示了为什么企业管理者会发行可赎回可转债，他认为可赎回可转债能够通过强制转换来调整企业债务水平，进而有利于降低企业破产或被敌意收购的威胁。徐细雄和万迪昉（2007）的研究表明，可转债激励契约中回售和赎回条款是实现企业价值增长分享激励与保障性收益两者之间均衡的主要原因。这些研究表明，可转债的具体限制条款（如赎回和回售条款）能够对企业家和投资者产生不一样的激励效应。

从上述研究脉络可知，可转债契约往往根据融资需求而设定复杂多样的限制条款。实际上，可转债的这些条款被触发后将必然伴随产权的转移和利益的重新分配，而这些又是由控制权所决定，比如管理层执行赎回条款往往会避免企业破产清算或被敌意收购，从而掌握企业控制权（Isagawa，2002b）。因此，在分析可转债的激励约束效应时，需要将可转债的具体条款与控制权的配置机制结合起来进行分析。然而，现有文献在研究可转债契约的激励约束作用时，往往将具体的可转债条款与控制权割裂开来分析，这显然并不符合可转债的基本特征和内在的控制权配置本质。

综上，本章将控制权相机配置理论嵌入可转换债券的具体条款设计中，使用实验室实验方法对不同条款可转债的激励约束效应进行检验，丰富高新技术中小企业融资契约的研究。

4.2 理论分析与研究假设的提出

4.2.1 中小企业可转债融资契约的相关研究进展

（1）中小企业可转债融资契约的相关研究进展

传统的中小企业融资结构理论强调信息不对称所引起的道德风险和逆向选择问题对企业融资结构的影响。而近年随着不完全契约理论的兴起，可转债因其在抑制道德风险和逆向选择问题上的重要作用和有效性而广泛应用于研究创业型和科技型等信息不对称更为严重的中小企业的风险投资和融资问题。

早期关于可转债融资契约设计的研究主要基于代理理论而展开，并且集中于通过结合发行动机来探讨可转债的融资契约设计问题（Mayers，1998）。有关这方面的研究，最早源于部分学者通过对发行者进行调研来分析，他们的研究总体归纳出了可转债融资动机为延期权益、债务甜心和成本节约（Bancel 和 Mittoo，2004）。但是主流的研究倾向于通过理论模型和实证分析来探讨可转债融资问题。如 Casamatta（2003）分析了风险资本融资中投资者和企业家之间的双边道德风险问题，分析结果表明，相对于权益融资，向风险投资者发行可转换债券更有利于激励企业家提高努力水平。Isagawa（2000）论证了带有可赎回条款的可转债在抑制风险企业管理者机会主义行为方面的独特优势，即当管理者发生过度投资行为的时候，可转债持有人不会执行转股期权，而当债务过多导致管理者出现投资不足的时候，转换期权的发生可以减少公司的杠杆程度，进而缓解投资不足，因此设计得当的可转债有利于阻止管理者投资决策过程中的机会主义行为。Isagawa（2002a）分析了可转债在抑制风险企业管理者机会主义上的作用，结果表明，可转债能够通过动态调整企业资本结构来诱导管理者实施有价值的投资项目，降低投资决策过程中的机会主义行动，赋予持有人单边转换期权的可转债则能够在管理者投资决策后改变企业债务水平。此外，Isagawa（2002b）从管理者堑壕视角出发构建模型，揭示了为什么企业管理者会发行可赎回可转债，他认为可赎回可转债能够通过强制转换来调整企业债务水平，进而有利于降低企业破产或被敌意收购的威胁。随着最近几年我国可转债市场的快速发展，国内学者也开始探讨可转债融资引发的激励约束效应。何佳和夏晖（2005）认为，我国企业再融资中出现的一个重要问题就是企业将获得的资金转移用途，而且企业在融资前后业绩由好变坏的现象很普遍。从这一现实问题出发，他们构建可转债模型表明，由于当内部投资者将融获资金转移用途或企业业绩大幅下滑时，可转债投资者可以利用回售条款将可转债变成短期债务，使内部投资者无法从中获利。他们认为回售条款的存在将对内部投资者行为产生重要的约束作用，如果充分利用可转债的这一特性将能够解决我国企业再融资过程中存在普遍存在的转变资金用途和业绩变脸的问题，对我国再融资的发展是一个巨大的促进。徐细雄和万迪昉（2007）的研究表明，可转债激励契约中回售和赎回条款是实现管理者对企业价值增长分享激励与保障性收益两者之间均衡的主要原因。

（2）与控制权相机配置机制相结合的可转债研究

事实上，将融资证券不仅仅当作一种现金流权利的配置工具，而且还充分考虑到其可以作为一种控制权动态配置的治理工具，正是基于不完全契约的证券设计研究与基于信息经济学的证券设计研究的区别之所在。很多学者在此方面完成了大量的研究工作，包括 Aghion 和 Bolton（1992）、Grossman 和 Hart（1988）、Hart 和 Moore（1990）等都为此做出了突出的贡献。Aghion 和 Bolton（1992）就主要探讨的是债权在配置控制权从而提高社会效率方面能够起到的作用。已有的基于不完全契约的证券设计研究的主要缺陷是对于衍生的复合型金融契约研究不够，Hart（2001）就曾指出可转债能够通过控制权配置起到积极的作用。Vauhkonen（2003）曾专门探讨了可转债作为一种特殊金融工具的作用，但是作为一个初始研究，显然还存在很多不足，需要进一步弥补，比如其就没有考虑到自然状态对收益的影响等问题。从不完全契约的视角，沿着前人的研究思路和研究框架，并结合基于信息不对称的部分研究成果开展研究，是目前我国理论界所面临的主要任务。以可转债融资契约作为研究对象，不仅能从理论上更加完善不完全金融契约领域的研究，而且也能够为我国这样一个信息严重不对称和股权高度集中的资本市场的规范发展提供更好的理论借鉴和现实指导，从而为我国资本市场的逐步完善和快速发展做出一定的贡献。总之，Grossman 和 Hart（1988）、Hart 和 Moore（1990）、Aghion 和 Bolton（1992）、Hart（2001）等研究虽然从不同角度研究了控制权配置与金融契约的关系，但是忽视了可转债作为一种特殊金融工具的作用，需要从理论上考虑可转债融资契约所能扮演的积极角色，特别是在同时考虑信息不对称和不完全契约情况下研究我国可转债融资契约的所能起到的作用。

虽然我国可转债融资的兴起只有短短几年时间，但是发展迅速。遗憾的是学术界尚未能从理论角度展开深入研究，上述国外的经典理论能否有效解释我国可转债发行与契约设计，还没有能够从实证上得到验证。而我国特殊的现实背景，处于转轨经济的我国资本市场以及我国特色的可转债融资契约的条款设计都需要被深入考察，以挖掘其对可转债融资的影响。因此，结合我国的现实背景，在国外已有理论的基础上，在不完全金融契约分析框架下设计适合中小企业的可转债契约，丰富已有的可转债融资理论并用于指导我国的可转债融资实践问题的研究值得继续深入开展。

4.2.2 研究假设的提出

根据 Wang（2009）的研究结论，由于简单可转债不具有止赎权，因而对企业家的激励不足，在简单可转债契约情境下，即使投资者投入了足够多的资金，企业家也将会投资不足。可赎回可转债规定了债券发行人在满足一定条件下可以赎回债券，这表明在简单可转债基础上赋予企业家可赎回权利，只有满足一定条件时才能保证融资效率。首先，由于投资者保护的需要，可转债赎回价一般高于投资者的投资额。因此，只有当项目给企业家带来的收益超过企业家回购可转债需要付出的价格时，企业家才会执行赎回权；其次，Wang（2009）的研究也给定了不带限制条件的可赎回可转债实现效率的区间范围，在固定的区间范围内，不带限制条件的可赎回可转债才能提高企业家的努力程度。虽然企业家赎回时收益有可能减少，但是可通过违约风险的降低得到补偿。企业家在此时的激励得到很大的提高，而赎回权对投资者激励的净效应则是中性的，因此此时又会存在投资者激励不足的问题。对可转债的赎回权设定行权条件，可以进一步平衡企业家和投资者之间的风险和收益，从而提升可转债的融资效率。因此，根据 Wang（2009）理论模型结论以及上述分析，本章提出假设 4-1 和 4-2：

假设 4-1：其他条件相同时，带限制条件的可赎回可转债中投资者的初始投资水平 k 最高，简单可转债次之，不带限制条件的可赎回可转债最低；

假设 4-2：其他条件相同时，带限制条件的可赎回可转债中企业家的努力水平 e 最高，不带限制条件的可赎回可转债次之，简单可转债最低。

Wang（2009）的研究还表明，与未引入控制权相机配置机制的可转债相比，引入控制权相机配置机制能够提高总收益水平。引入控制权后，简单可转债、不带限制条件的可赎回可转债和带限制条件的可赎回可转债的项目总收益分别有所增加。由于控制权配置机制保证了企业家和投资者双方在项目不确定性信号出现之后进行再谈判，企业资源的利用价值得以提高，从而影响项目业绩和总收益。此外，当企业内部控制系统无法通过现有激励方式提高项目资源的利用率时，控制权相机配置机制可通过释放对资源的控制能力来提高资源的配置效率，从而通过取代原有的管理者来增加总收益（Santos，2012）。

控制权相机配置机制的外在表现实际上是委托代理双方对代理权的争夺。而代理权争夺能够产生股东财富效应，这是因为随着企业披露的信息增多，了解企业关键信息的投资者将会支持能够最大限度地提高公司价值的改革提案，而代理权争夺成功将带来控制权的转移，从而增加企业调整战略的可能性，市场对调整产生积极反应时将会导致公司股价上升，进而提升股东财富（Dodd 和 Warner，1983）。此外，投资者与企业管理层在代理权争夺过程中有可能达成妥协，即管理层针对现有政策进行改进或者采用投资者所提政策来提高资源的利用价值。这样即便股价下跌，但是由于管理层所采取的措施仍然有利于企业价值的提高，总收益反而会增加（Mulherin 和 Poulsen，1998）。因此，根据 Wang（2009）理论模型结论以及上述分析，本章提出假设 4-3：

假设 4-3：其他条件相同时，具有控制权配置机制的可转债的总收益要高于不具有控制权配置机制的可转债。

4.3 实验设计

4.3.1 实验模拟契约特征和参数设置

假设一家高新技术企业正在进行一项新技术研发,需要从新三板市场以发行可转债的方式筹集 $K=100$ 的资金。考虑到目前市面上公司债利率为6%左右,而可转债附带了转股期权,因此利率稍低,故设可转债利率为 $i_c=5\%$。企业家和投资者双方缔约后,投资者的投资分两阶段投入,第一阶段初始投入比例为 k,其中 $k\in[0.3,1)$,这是因为 k 太小无法启动项目。为了分析和实验参与者理解方便,此处的 k 在充当第一阶段投入比例的同时,也能反映投资者的监督水平,因为投入的资金越多,投资者将付出更多的监督努力。企业家投入努力水平为 $e\in[0.1,1]$。第一阶段结束后披露自然状态信息 $\theta\in\{0,1\}$①,投资者根据披露的自然状态信息 θ 以及对未来项目产出的预期,决定是终止项目进行清算还是继续投入剩余的 $100(1-k)$ 资金。企业家和投资者的投入水平在两个阶段内不变,即如果投资者决定投入剩余资金,则在第二阶段,沿用第一阶段的 e 和 k。假定企业家的努力成本为 $C(e)=ce^2$,其中 $c=100$,即 $C(e)=100e^2$。若第一阶段项目产出较低,投资者选择在第一阶段末按照 $\alpha=0.5$ 的比例对项目进行清算,这是考虑到资产专用性的限制以及折扣的原因,厂房和设备的清算价值要远低于初始价值,此时投资者获得全部清算价值 $50k$,而企业家无收益;若投资者选择在第二阶段继续投入,到第二阶段末期项目研发项目的产出为 $W(e,k,\theta)$,其中 W 受双方投入和项目所处自然状态好坏的影响。假设 $\theta=1$ 时,$W(e,k)=160(1+k)e$;$\theta=0$ 时,$W(e,k)=80(1+k)e$。若投资者第二阶段选择继续投入且不转股,则第二阶段末获得本息;若投资者选择继续投入且转股,则与企业家分享收益或者共担损失,设定投资者一旦转股,默认100投资全部转股,

---

① 需要说明的是,项目所处自然状态除了企业所处的自然经济环境、行业环境等外生变量,还应包括项目的进展状态等内生因素,这样更能从内外两个方面去决定项目未来可能的产出状况。若企业所处经济环境较好,项目进展也顺利,则项目产出更有可能处于一个较高水平;相反,若仅仅是企业所处经济环境状态好,但是研发项目进展不顺利,则未来产出不一定高。

因为企业家拥有研发技术，因此在转股后，虽然投资者投入了全部资金，但是公平起见，只按 $\tau = 0.5$ 的比例分享收益或者承担损失。设定基准股价 $P = 10$[①]，当即时股价超过基准价格30%（设定30%是因为现实中可转债赎回价格通常为正股股价持续若干天高于转股价格130%—200%，这里取一个最低值30%）即可触发企业家赎回。设定不同自然状态下的股价波动，即 $\theta = 1$ 时 $P = 10 + 6random$，$\theta = 0$ 时 $P = 10 - 6random$，$random$ 为0到1之间的均匀分布函数。企业家赎回时需要给与投资者一定补偿，由于可转债利率为5%，因此本实验设定企业家的回购利率为 $i_B = 20\%$（赎回价格事先约定，它一般为可转换公司债券面值的103%—106%，这里之所以设定为20%是因为如果设定的过低，则本契约对风险投资者而言与公司债相差无异；而利率设定过高则企业家失去了赎回的意义，现实中的赎回利率一般为票面利率的2—3倍）。

根据本章对控制权的定义：若在第一阶段，项目收益不足，则投资者拥有控制权，投资者决定清算，此时企业家私有收益为0；若投资者决定继续投入，但是期末产出仍然不能还本付息，投资者拥有控制权，企业家私有收益仍然为0；若最终产出可以还本付息，则企业家拥有控制权，项目结束时企业家可获得控制权私人收益 $b = 40$。

4.3.2 变量说明

根据假设4-1、4-2和4-3，实验分析中涉及的变量包括投资者初始投入、企业家努力程度、自然状态、投资者和企业家当期收益和总收益、项目总收益、所处实验期以及风险倾向等。各变量在实验中的定义如表4-1所示。

表4-1　　　　　　　　资产证券化实验各变量的定义

变量	变量描述	变量定义
k	投资者投入水平	投资者在项目第一阶段所投入资金比例，k 取值范围为 $[0.3, 1]$
e	企业家努力程度	企业家在项目中投入的努力程度，e 取值范围为 $[0.1, 1]$
θ	自然状态信号	由计算机后台根据0-1均匀分布函数随机生成的数值决定，若该数值大于或等于0.5，则 θ 为1；若该数值小于0.5，则 θ 为0

[①] 第4章模型中的可赎回可转债触发条款是项目收益达到 $\overline{W}$。实验中为了设计简便考虑，设定股价变量 P。实际上，股价是对企业收益的直接市场反应，而现实经济环境中，可转债的赎回条款更多是以某个股价作为触发条件。因此设定一个触发价符合实际，也更能帮助实验参与者理解实验。

续表

变量	变量描述	变量定义
pi	投资者当期收益	投资者在项目当期获得的收益扣除投入成本 k
pe	企业家当期收益	企业家在项目当期获得的收益扣除努力成本 $100e^2$
tpi	投资者累积收益	截止到当期投资者的总收益
tpe	企业家累积收益	截止到当期企业家的总收益
gp	项目收益	当期所产生的现金流
period	期数	实验所处的期数
risk	风险倾向	风险偏好水平，取 1 到 5 的数值，值越大说明越偏好风险

4.3.3 实验参与者与激励

（1）实验参与者

与资产证券化实验一致，本可转债实验仍然选择使用西安交通大学管理学院 2014 级硕士研究生作为参与者。整个实验共有 40 人参与，分 20 组同时进行，参与人数和实验期数保证了最终实验结果在数理统计上的有效性。

（2）实验激励

同样，与资产证券化实验一致，本次可转债实验仍然采取基于排名顺序进行金钱刺激的激励方式，对不同角色的实验参与者最终累计收益分角色进行排名，并基于该排名对实验参与者进行价值诱导和激励，具体奖励规则与资产证券化实验一致，包括出场费、不同名次不同金额的货币奖励以及实验成绩与《高级管理学》课程成绩挂钩。

4.4 实验过程

（1）实验准备

实验环境和过程与资产证券化实验一致，均在西安交通大学管理学院进行且有 2 名助教为学生提供技术服务并保持实验现场秩序，实验正式开始前发放实验说明书（见附录 D），进行了详细讲解并做了 2 期非正式的预实验。同样地，整个实验实施过程持续约 90 分钟，其中讲解和答疑时间为 30 分钟，预实验和正式实验耗时约 60 分钟。

（2）实验软件和界面

实验软件仍然采用采用 z – Tree 实验平台，具体的实验程序和实验界面见附录 D。

（3）实验内容

由于第 4 章模型中总共涉及三种类型可转债契约，且分引入控制权配置机制和不引入控制权配置机制，因此整个实验总共分 6 局，每个实验局进行 10 期，实验的基本信息如表 4 – 2 所示。

表 4 – 2　　　　　　　资产证券化实验的基本信息

情境	可转债类别	企业家	投资者	期数	观测值
Ⅰ	简单可转债	20	20	10	200
Ⅱ	不带限制条件的可赎回可转债	20	20	10	200
Ⅲ	带限制条件的可赎回可转债	20	20	10	200
Ⅳ	简单可转债——引入控制权配置	20	20	10	200
Ⅴ	不带限制条件的可赎回可转债——引入控制权配置	20	20	10	200
Ⅵ	带限制条件的可赎回可转债——引入控制权配置	20	20	10	200

（4）实验参与者的风险偏好测量

考虑到行为人的风险偏好对投资行为可能会产生很大影响，尤其是对于研发投入这类高风险的投资行为，风险偏好的影响则更不容忽视。因此本实验在预实验之前仍然采用附录 C 中的问卷测量实验参与者的风险倾向，计算方式与资产证券化实验一致。

（5）实验收益计算

本实验双方收益在当期产生的项目总收益基础上进行分配，均指的各方的纯收益，即投资者要扣除投入的本金，只计算其利息收入，而企业家收益为扣除偿还给投资者的本息和自身努力成本之后的剩余。各实验局中不同角色的收益计算见附录 D。

4.5 实验结果分析

本次实验被试对象共计40人,分为20个组。整个实验分为6个实验局进行,每个实验局均为10期,因此总共获得了1200条配对数据。在下面的数据分析中,本次实验使用Stata10.0软件进行数据处理。

4.5.1 主要变量的描述性统计分析

表4-3为可转债实验中主要变量的描述性统计结果。

表4-3 主要变量的描述性统计

情境	统计量	k	e	θ	pi	pe	tpi	tpe	gp	$risk$
I	mean	0.832	0.786	0.469	12.771	28.411	48.138	121.008	173.665	2.750
I	median	0.900	0.800	0.000	5.000	-1.000	30.5	102.500	152.800	3.000
I	sd	0.207	0.232	0.500	25.740	53.548	84.709	153.362	86.138	0.889
II	mean	0.811	0.814	0.438	5.403	34.376	25.183	169.306	174.985	2.750
II	median	0.900	0.900	0.000	5.000	-1.000	30.100	129.000	160.000	3.000
II	sd	0.237	0.255	0.497	13.928	64.152	55.945	186.030	86.742	0.899
III	mean	0.869	0.836	0.550	12.841	43.131	53.988	172.974	193.470	2.750
III	median	1.000	1.000	1.000	5.000	-1.000	44.500	107.5	160.000	3.000
III	sd	0.220	0.254	0.498	20.856	60.821	68.812	187.619	90.588	0.889
IV	mean	0.905	0.821	0.506	16.454	37.533	71.291	167.451	189.090	2.750
IV	median	0.900	0.900	1.000	5.000	-1.000	61.000	155.400	160.000	3.000
IV	sd	0.184	0.249	0.501	25.383	55.033	87.750	184.334	87.195	0.899
V	mean	0.886	0.806	0.481	16.004	34.845	62.090	133.859	183.630	2.750
V	median	0.900	0.900	0.000	5.000	-1.000	44.000	100.500	160.000	3.000
V	sd	0.210	0.272	0.500	26.000	53.222	92.872	139.664	93.033	0.889
VI	mean	0.946	0.910	0.494	16.528	48.973	73.873	208.819	212.850	2.750
VI	median	1.000	1.000	0.000	5.000	-1.000	65.000	200.000	160.000	3.000
VI	sd	0.148	0.174	0.501	21.762	64.414	61.910	173.481	86.524	0.899

从表 4-3 中结果可看出，未引入控制权机制的情境Ⅰ、Ⅱ和Ⅲ中的投资者初始投资水平 k 的均值分别为 0.832、0.811 和 0.869；企业家努力水平 e 的均值分别为 0.786、0.814 和 0.836；引入控制权配置机制之后，情境Ⅳ、Ⅴ和Ⅵ中投资者初始投资水平 k 的均值分别为 0.905、0.886 和 0.946，企业家努力水平 e 的均值分别为 0.821、0.806 和 0.910，与未引入控制权配置机制时基本一致。上述结果说明，不同可转债对投资者和企业家的激励水平不一样，不论可转债中是否引入控制权相机配置机制，从投资者初始投资水平而言，阶段融资中带限制条件的可赎回可转债最高，简单可转债次之，不带限制条件的可赎回可转债最低，该结果初步支持了假设 4-1；从企业家努力程度而言，阶段融资中带限制条件的可赎回可转债最高，不带限制条件的可赎回可转债次之，简单可转债最低，该结果初步支持了假设 4-2。此外，对比未引入控制权相机配置机制和引入控制权相机配置的情形可发现，引入控制权相机配置机制后，阶段融资中投资者和企业家的投入水平明显高于未引入控制权时的实验局，说明控制权相机配置机制能够实现更高的激励水平[①]。从项目收益变量 gp 来看，未引入控制权配置机制时情境Ⅰ、Ⅱ和Ⅲ的项目收益均值分别为 173.665、174.985 和 193.470，而引入控制权配置机制后的情境Ⅳ、Ⅴ和Ⅵ的项目收益均值分别为 189.09、183.63 和 212.85，明显高于未引入控制权配置机制时的情形，该结果说明控制权配置机制能够增加总收益，初步验证了假设 4-3。

当然，上述描述性统计仅仅提供直观感受并进行初步验证，为了更科学地分析和检验不同可转债契约对企业家和投资者的激励效果，观察不同可转债契约下企业家和投资者的投入水平是否存在显著差异，本次实验进一步使用 Mann-Whitney U 的非参数检验方法进行两两配对分析。为了让非参数检验结果更加可信，还同时对不同的配对分组做了 T 检验分析。需要说明的是，为了控制控制权配置可能产生的影响，在进行 Mann-Whitney U 检验和 T 检验时均按未引入控制权和引入控制权两种不同背景进行处理，以保证统计检验结果的科学性。

---

① 根据第 4 章命题 7 的分析可知，项目产出 $\Phi(\cdot)$ 是 e、k 和 θ 的函数，与 b 无关，因此最优投入水平只与 e 和 k 相关，而与控制权私人收益 b 无关，实验中对于项目产出的函数设计也遵循第 4 章模型的设定，这也就解释了为何控制权会对企业家和投资者产生不一样的激励效果。实际上，最优投入水平（$e^* k^*$）是根据极值计算方法得到的，而实验室实验并一定能得到该值，而只能通过实验双方不断博弈以尽可能去接近该极值。

4.5.2 不同可转债对投资者的激励效果分析

(1) 未引入控制权配置情形

将不同可转债的激励效果进行两两对比，阶段融资中未引入控制权配置机制时，简单可转债、不带限制条件的可赎回可转债和带限制条件的可赎回可转债中投资者初始投入水平 k 的差异统计检验结果如表 4-4 所示。

表 4-4 未引入控制权配置机制时不同可转债下投资者初始投入 k 的差异

配对类型	情境	样本	均值	T 值	中位数	Z 值
Ⅰ—Ⅱ	Ⅰ	200	0.832	1.556 (0.120)	0.900	1.820* (0.069)
	Ⅱ	200	0.811		0.900	
Ⅰ—Ⅲ	Ⅰ	200	0.832	-5.886*** (0.000)	0.900	-6.594*** (0.000)
	Ⅲ	200	0.869		1.000	
Ⅱ—Ⅲ	Ⅱ	200	0.811	-2.790*** (0.005)	0.900	-3.246*** (0.001)
	Ⅲ	200	0.869		1.000	

注：(1) 括号中的值为 p 值。(2) *，**，*** 分别表示在 10%，5% 和 1% 的统计水平下显著。

结果显示，阶段融资情景下，未引入控制权相机配置机制时，情境Ⅰ的简单可转债（t = -5.886，p = 0.000）和情境Ⅱ的不带限制条件的可赎回可转债（t = -2.790，p = 0.005）中，投资者在初始阶段投入资金比例 k 的均值在 1% 的统计水平上均显著低于情境Ⅲ的带限制条件的可赎回可转债。将简单可转债和不带限制条件的可赎回可转债实验局进行配对，发现简单可转债中投资者初始投入 k 仅在 Mann-Whitney U 的非参数检验中比不带限制条件的可赎回可转债高（t = 1.820，p = 0.069），T 检验结果并不显著，尽管如此，情境Ⅰ和Ⅱ配对时，T 检验的 t 值为 1.556，p 值为 0.12，接近最低 10% 的显著性要求。上述结果表明，在未引入控制权相机配置机制情况下，带限制条件的可赎回可转债中投资者的初始投资水平 k 最高，简单可转债次之，不带限制条件的可赎回可转债最低，基本支持了研究假设 4-1。

(2) 引入控制权配置情形

进一步对引入控制权相机配置时不同可转债契约对投资者的激励效果进行

对比。阶段融资中引入控制权配置机制时，简单可转债、不带限制条件的可赎回可转债和带限制条件的可赎回可转债中投资者初始投入水平 k 的差异统计检验结果如表4-5所示。

表4-5　　　引入控制权配置机制时不同可转债下投资者初始投入 k 的差异

配对类型	情境	样本	均值	T值	中位数	Z值
Ⅳ—Ⅴ	Ⅳ	200	0.905	1.815** (0.035)	0.900	1.594 (0.111)
	Ⅴ	200	0.886		0.900	
Ⅳ—Ⅵ	Ⅳ	200	0.905	-3.078*** (0.002)	0.900	-3.218*** (0.001)
	Ⅵ	200	0.946		1.000	
Ⅴ—Ⅵ	Ⅴ	200	0.886	-4.177*** (0.000)	0.900	-3.783*** (0.000)
	Ⅵ	200	0.946		1.000	

注：（1）括号中的值为p值。（2）*，**，*** 分别表示在10%，5%和1%的统计水平下显著。

结果显示，阶段融资中引入控制权相机配置变量后，情境Ⅳ的简单可转债（t=-3.078，p=0.002）和情境Ⅴ的不带限制条件的可赎回可转债（t=-4.177，p=0.000）中投资者的初始投入 k 的均值仍然在1%的统计水平上显著低于情境Ⅵ的带限制条件的可赎回可转债。但是简单可转债与可直接赎回可转债相比，只有T检验在5%的统计水平上显著，而Mann-Whitney U 的非参数检验则不显著（t=1.594，p=0.111），该结果与未引入控制权时一致，基本支持了研究假设4-1。

从表4-4和表4-5的统计检验结果可知，阶段融资过程中不论是否引入控制权相机配置，并不影响不同可转债契约对投资者的激励效应，即在其他条件相同的情形下，带限制条件的可赎回可转债对投资者的激励水平最高，此时投资者在项目初始阶段愿意投入的资金比例 k 最高，简单可转债的激励效果次之，可直接赎回可转债的激励水平最低，实验结果支持了假设4-1。

4.5.3　不同可转债对企业家的激励效果分析

（1）未引入控制权配置情形

阶段融资中未引入控制权配置机制时，简单可转债、可直接赎回可转债和带限制条件的可赎回可转债中企业家努力水平 e 的差异统计检验结果如表 4-6 所示。结果显示，阶段融资情景下，未引入控制权相机配置机制时情境 I 的简单可转债中企业家愿意付出的努力水平 e 均值在 10% 的统计水平上显著小于情境 II 中的可直接赎回可转债（t = -1.700，p = 0.098），而 Mann-Whitney U 的非参数检验则为 5% 的显著性水平。将情境 I 和情境 III 配对，发现简单可转债中的 e 不论是 T 检验还是 Mann-Whitney U 的非参数检验均在 1% 的统计水平上显著小于带限制条件的可赎回可转债。但是将 II 与 III 配对，却发现企业家努力水平的 T 检验和 Mann-Whitney U 非参数检验结果均不存在显著差异。上述结果部分支持了假设 4-2。

表 4-6 未引入控制权配置机制时不同可转债下企业家努力水平 e 的差异

配对类型	情境	样本	均值	T 值	中位数	Z 值
I—II	I	200	0.786	-1.700*	0.800	-2.456**
	II	200	0.814	(0.098)	0.900	(-0.014)
I—III	I	200	0.786	-2.630***	0.800	3.843***
	III	200	0.836	(0.009)	1.000	(0.000)
II—III	II	200	0.814	-1.087	0.900	-1.358
	III	200	0.836	(0.277)	1.000	(0.175)

注：(1) 括号中的值为 p 值。(2) *，**，*** 分别表示在 10%，5% 和 1% 的统计水平下显著。

(2) 引入控制权配置情形

进一步对引入控制权相机配置时不同可转债契约对企业家的激励效果进行对比。阶段融资中引入控制权配置机制时，简单可转债、可直接赎回可转债和带限制条件的可赎回可转债中企业家努力水平 e 的差异统计检验结果如表 4-7 所示。

表 4-7 引入控制权配置机制时不同可转债下企业家努力水平 e 的差异

配对类型	情境	样本	均值	T 值	中位数	Z 值
IV—V	IV	200	0.821	0.758	0.900	0.419
	V	200	0.806	(0.449)	0.900	(0.675)
IV—VI	IV	200	0.821	-5.228***	0.900	-4.798***
	VI	200	0.910	(0.000)	1.000	(0.000)
V—VI	V	200	0.806	-5.793***	0.900	-4.967***
	VI	200	0.910	(0.000)	1.000	(0.000)

结果显示，阶段融资中引入控制权相机配置变量后，简单可转债（情境Ⅳ）与可直接赎回可转债（情境Ⅴ）中企业家愿意付出的努力水平并不存在显著差异。而将简单可转债与可直接赎回可转债、可直接赎回可转债与带限制条件的可赎回可转债分别配对并进行 T 检验发现，简单可转债（$t=-5.228$，$p=0.000$）和可直接赎回可转债（$t=-5.793$，$p=0.000$）中企业家努力水平均值均在1%的统计水平上显著低于带限制条件的可赎回可转债，而进一步的 Mann - Whitney U 非参数检验结果也同样在1%的统计水平上显著。该结果部分支持了假设4-2。

表4-6和表4-7的统计检验结果基本上可以说明，阶段融资过程中不论是否引入控制权相机配置，同样并不影响不同可转债契约对企业家的激励效应，即在其他条件相同的情形下，带限制条件的可赎回可转债对企业家的激励水平最高，此时企业家愿意付出的努力水平 e 最高，可直接赎回可转债的激励效果次之，简单可转债的激励水平最低，实验结果基本支持了假设4-2。

4.5.4 控制权配置机制对总收益的影响

为了分析控制权配置机制对总收益（即项目收益）产生的影响，首先，本章采用 Mann - Whitney U 非参数检验和 T 检验比较了有控制权相机配置机制和没有控制权相机配置机制时同一种可转债的项目收益是否存在差异；其次，本章在控制其他影响因素的前提下，利用多元回归分析方法检验了控制权相机配置机制对总收益影响。

（1）统计性检验

表4-8列示的是阶段融资情形下，简单可转债、不带限制条件的可赎回可转债和带限制条件的可赎回可转债在未引入控制权配置机制和引入控制权配置机制时，总收益的 Mann - Whitney U 非参数检验和 T 检验结果。结果显示，不论是何种形式可转债，未引入控制权相机配置机制时项目收益均在统计意义上低于引入控制权相机配置时的项目收益。具体而言，在简单可转债（$t=-2.251$，$p=0.025$）、可直接赎回可转债（$t=-2.509$，$p=0.012$）和带限制条件的可赎回可转债（$t=-2.768$，$p=0.006$）情形下，未引入控制权相机配置机制的项目收益均值分别在5%、5%和1%的统计水平上显著低于引入控制权相机配置时的项目收益。进一步的 Mann - Whitney U 非参数检验结果则分别在1%、10%和

1%的统计水平上显著。上述结果支持了研究假设4-3，即阶段融资的可转债契约中引入控制权相机配置机制能显著增加总收益。

表4-8 控制权配置机制对总收益 gp 的影响差异

配对类型	情境	样本	均值	T值	中位数	Z值
Ⅰ—Ⅳ	Ⅰ	200	173.665	-2.251** (0.025)	152.800	-3.010*** (0.003)
	Ⅳ	200	189.090		160.000	
Ⅱ—Ⅴ	Ⅱ	200	174.985	-2.509** (0.012)	160.000	-1.700* (0.099)
	Ⅴ	200	183.630		160.000	
Ⅲ—Ⅵ	Ⅲ	200	193.470	-2.768*** (0.006)	160.000	-2.759*** (0.006)
	Ⅵ	200	212.850		160.000	

注：(1) 括号中的值为 p 值。(2) *，**，*** 分别表示在 10%，5% 和 1% 的统计水平下显著。

(2) 回归分析

为了进一步控制影响总收益（项目收益）其他因素的影响，本章在控制投资者初始投入水平 k、企业家努力水平 e、自然状态 θ、实验期 $period$ 以及参与者风险态度 $risk$ 的基础上，构建控制权相机配置虚拟变量 $control$ 并以此为自变量，运用多元回归分析方法研究金融中介努力水平对首次违约时间的影响，回归结果如表4-9所示。

表4-9结果显示，在回归 (1) (2) 和 (3) 中控制权相机变量 $control$ 的回归系数均在 10% 的统计水平上显著为正，说明 $control$ 值越大，则 gp 越大，即引入控制权相机配置机制的可转债所带来的总收益均要高于未引入控制权相机配置变量的可转债。说明控制权相机配置机制能够提高融资效率，而对代理权的争夺所带来的控制权转移，能够将企业资源配置到效率更高的地方，从而实现总收益的增加。实验结果进一步支持了假设4-3。此外，从其他控制变量来看，投资者增加初始投入 k，企业家愿意付出的努力水平 e 越高，项目所处的自然状态 θ 越好（包括项目进展越顺利）均能够提高总收益。而实验越往后，实验期数 $period$ 越大，则项目收益也越高，本章对此的解释为：随着实验的继续进行，实验参与者的学习效应会使其加深对实验的了解，从而达到或者接近博弈过程中的最优投资策略。

表 4 – 9　　控制权配置机制对总收益影响的回归结果

变量	简单可转债 回归（1）	可赎回可转债 回归（2）	带限制条件的可赎回可转债 回归（3）
$control$	1.864* (1.88)	2.002* (1.83)	2.178* (1.92)
k	71.816*** (14.46)	69.403*** (10.49)	108.174*** (15.82)
e	221.466*** (56.25)	202.793*** (27.69)	226.785*** (26.44)
θ	123.960*** (71.58)	122.009*** (63.32)	138.169*** (86.26)
$period$	1.166*** (3.13)	1.143*** (2.75)	1.125*** (3.43)
$risk$	-0.666 (-0.68)	-1.150 (-1.10)	0.184 (0.27)
_cons	-123.745*** (-21.83)	-103.912*** (-12.73)	-171.784*** (20.13)
N	400	400	400
R^2	0.940	0.931	0.966
$adj-R^2$	0.939	0.931	0.966
F	1639.01	1428.16	2247.47

注：（1）因变量为项目收益 gp；（2）回归（1）为情境Ⅰ和情境Ⅳ合并数据，回归（2）为情境Ⅱ和情境Ⅴ合并数据，回归（3）为情境Ⅲ和情境Ⅵ合并数据；（3）若引入控制权相机配置机制，则 control 取值为 1，否则为 0；（3）***，**，* 分别表示双尾检验 1%、5% 和 10% 的显著性水平；（4）括号内为使用 White（1980）方法调整异方差之后的 t 值。

4.6　研究结论与政策建议

本章根据 Wang（2009）阶段融资情境下的可转债融资契约激励约束效应模型设计了一个不同条款可转债的实验。研究假设和对应的实验结果如表 4 – 10 所示。研究结果表明：①其他条件相同时，不同条款的可转债会对投资者产生不一样的激励约束效应。投资者的初始投资水平 k 在带限制条件的可赎回可转债中最高，简单可转债次之，可直接赎回可转债最低；②其他条件相同时，不同条款的可转债对企业家的激励约束效应也存在差异。带限制条件的可赎回可转债中企业家愿意投入的努力水平 e 最高，可直接赎回可转债次之，简单可转债最低；③其他条件相同时，控制权相机配置机制能够提高总收益，可转债引入控制权相机配置机制时产生的项目收益要高于未引入控制权相机配置的情形。

表 4 – 10　　　　　　　　可转债实验结果与假设预测

假设	假设内容	检验结果
4 – 1	其他条件相同时，带限制条件的可赎回可转债中投资者的初始投资水平 k 最高，简单可转债次之，不带限制条件的可赎回可转债最低	通过
4 – 2	其他条件相同时，带限制条件的可赎回可转债中企业家的努力水平 e 最高，不带限制条件的可赎回可转债次之，简单可转债最低	通过
4 – 3	其他条件相同时，具有控制权配置机制的可转债的总收益要高于不具有控制权配置机制的可转债	通过

上述结论说明了在设计与中小高科技企业更高发展阶段相适宜的可转债融资契约时，需要兼顾并平衡投资者和企业家之间的谈判力并注重风险和收益的匹配。同时，应充分利用控制权相机配置机制对双方的激励作用，注重通过控制权相机配置来提高总收益，实现更高融资效率。

第 5 章 高新技术中小企业研发投入与企业业绩——基于激励契约视角

5.1 概 述

2006 年 2 月 9 日,国务院发布《国家中长期科学和技术发展规划纲要(2006—2020)》,提出建立创新型国家战略,支持和鼓励企业成为技术创新主体,并从金融、财政以及管理体制等各方面提出了相应措施,激励不同研究开发主体加大研发投入力度。企业是落实我国自主创新战略的微观经济主体,高新技术企业更是自主创新的中坚力量。斯托普福德和巴登·富勒(Stopford & Baden-Fuller,1994)认为研发(R&D)活动作为企业自主创新源泉,贯穿于企业创新的各个阶段,能够帮助企业通过创新获取核心竞争力,从而提高企业业绩。

(1)高新技术中小企业创新投资特征

创新被广泛认为是国家和企业在竞争中的关键影响因素(Tourigny 和 Le,2004)。而中小企业作为创新的主体正显得日益重要。中小企业以追求创新作为核心商业战略将会提高生产率,实现企业成长可能性并提高生存机会(Cefis 和 Marsili,2006)。因此,中小企业要在日益激烈的市场竞争中获得成功,需要提高参与创新的程度。但是,中小企业的创新投资行为具有特殊性,因而会对融资产生复杂的影响。

①中小企业的研发项目收益存在高度不确定性。尽管研发项目可以带来高收益,但是研发项目的高收益会伴随着高风险,因为高 R&D 投入意味着复杂而激进且未在市场上进行大范围测试的创新,这种不确定性和信息不对称会随 R&D 投资的增加而增大(Muller 和 Zimmermann,2009)。②研发项目的质量很难评估。评估研发项目不仅需要技术知识,且投资者会面临企业所有者出于保守

研发机密的需要隐瞒研发细节。这种信息不对称将导致逆向选择和道德风险，从而影响投资者提供权益或债务资本的意愿（Hall 等，2004）。③企业创新投资的特殊性。由于创新主要源于企业的 R&D 项目投资，从这个角度而言，企业 R&D 活动可被视为创造知识的私人投资，从而使 R&D 项目投资与其他投资有所区别。但是与其他投资一样，R&D 投资同样需要资金，且 R&D 活动具有高投资成本和低抵押价值特征（Czarnitzki 和 Hottenrott，2011）。④创新投资具有较高的沉没成本。开展 R&D 项目具有很大的沉没成本，且调整 R&D 投入的成本也非常昂贵，因为 R&D 投资的很大一部分用于支付研发人员工资，而这些员工通常是高技术工种，雇用和培训这些员工的花销将非常昂贵，如此便导致 R&D 费用的高企和低波动性（Hall，2002）。⑤创新企业管理层的特征。由于中小企业管理者通常对技术更为了解且具有企业家精神，因此对风险承担具有积极的态度，而且中小企业的 R&D 部门可能在决策上更具有影响力，企业的所有者人数也有限，这将使管理层有更大的决策弹性（Czarnitzki 和 Kraft，2004）。

（2）高新技术中小企业创新投资对企业业绩的影响

研发投入不仅是企业管理层所要面临的一项重要战略决策，对实现我国建设自主创新型国家战略的重要性也不言而喻。研发活动能够提升企业的核心竞争力和业绩水平，但是由于投入大，周期长，且会影响企业的当期绩效，企业管理层作为研发战略的制订者和执行者，在决策时往往需要根据研发活动的得失做出权衡。我国高新技术企业通过研发创新提升企业竞争力的同时经常会面临融资约束和企业规模的限制，加之当期绩效考核的压力和研发活动的高风险特征，管理层往往不愿意在研发战略中分配过多的资金和资源，从而限制了我国高新技术企业的研发水平和能力，最终影响企业业绩。

（3）通过管理层的创新导向激励提高企业业绩的内在逻辑

以奥苏利文（O'Sullivan，1994）为代表的经济学家在创新经济学框架内提出了组织控制理论，认为公司治理的本质是对创新资源分配进行控制，而企业的创新投资战略取决于行使控制权的内部人的激励和技能，因此一个好的公司治理机制应能促使企业内部人进行创新。管理层作为企业主要内部人拥有创新战略决策权，因而是企业创新的主要推动力量。因此，如何对管理层进行创新导向的激励，从而引导其将公司资金和知识资源配置到创新研发活动中，需要发挥公司治理中的激励机制对技术创新引导的积极作用。因此，从企业业绩和研发投入之间的关系出发，寻找管理层提高企业研发投入水平的影响因素，从而针对性地设计管层的激励契约，对企业股东和董事会而言将是一个至关重要的现实问题。

本章将从高新技术中小企业管理层激励契约设计的新视角研究企业业绩与 R&D 投入之间的关系。目前关于企业业绩与 R&D 投入之间关系的研究主要是从线性关系角度出发且未形成统一的结论，鲜有针对企业业绩与 R&D 投入之间可能存在的更为复杂的非线性关系以及 R&D 投入是否存在适度范围问题的研究。创业板是我国建设自主创新国家战略的一部分，主要是作为融资平台，为我国高新技术型公司从事技术商业化活动提供融资功能。这种特殊定位决定了其 R&D 活动的独特性，因而研究我国创业板公司的 R&D 投入强度与创新活动产出之间的关系对于建设创新型国家战略具有重要意义。因此，本章以我国创业板上市公司为研究对象，讨论高新技术企业 R&D 投入与业绩之间的关系，并在此基础上提出 R&D 投资的适度范围问题，以期为我国企业研发激励政策的制定者以及企业管理者调整相关研发政策提供理论支持。

5.2　理论分析与研究假设

5.2.1　高新技术型企业的研发投入与公司业绩之间的关系

传统的静态经济效率强调优化资源配置，而动态经济效率则强调通过技术创新来提高生产率，降低产品生产成本。技术创新活动通过提高经济的动态效率进而促进经济发展。因此，技术创新活动中的 R&D 投入对企业的经济价值是显而易见的。企业可以通过 R&D 活动开发和引入新技术、新工艺和新产品，在降低生产成本的同时提高市场竞争力。古斯和金斯伯格（Guth & Ginsberg，1990）认为技术创新可帮助企业获取率先进入新业务领域的优势，从而形成新的利润增长点，提升企业盈利能力和业绩。但是 R&D 作为要素投入也符合边际报酬递减规律，同时存在资源挤占效应，过多的 R&D 投入可能降低生产活动的其他要素投入水平，从而损害企业业绩。

以罗墨（Romer，1986）和卢卡斯（Lucas，1988）为代表的新增长理论强调知识和人力资本在经济增长中的作用，认为经济增长并非由外生技术变化所致，而是知识外溢、研究和开发、人力资本投资等内生技术变化的产物。一方面，每个厂商投入资本的增加会带来知识存量的相应提高；另一方面，知识和人力资本具有正的外溢效应，这也就意味着厂商生产收益会随着投资和生产的增加以及新知识的发现而递增。因此，知识和人力资本的不断累积将促使经济不断增长。企业作为宏观经济的微观基础，内生增长理论同样可以用来解释企业价值的增长。技术创新是企业价值增长的核心动力，而 R&D 活动则是技术创新的主要源泉。因此，R&D 投资在提高企业生产效率的同时，也能提高其他生产要素的效率，从而实现企业价值的增长。

虽然内生经济增长理论认为研发活动能够显著提升公司业绩，但是以奥尔森和维内尔（Ohlsson & Vinell，1987）为代表的"R&D 增长悖论"则认为过多的 R&D 投入并不能够带来更多的产出。他们在针对瑞典的 R&D 投入和经济产出之间关系的研究中最先指出高 R&D 投入并不能转换成足够的产品或出口。在艾德奎斯特和麦凯尔维（Edquist & McKelvey，1994）随后关于瑞典研发投资与经济产出的研究中发现，虽然该国的 R&D 投入与 GDP 高度相关，但是其 R&D 集中型（高科技）产品占国家制造业总量的比例却低于当时 OECD（经济合作与发展组织）国家的平均水平，表明高 R&D 投入并不意味着更高的经济效益。目前针对上述现象主要有三种解释：一是艾德奎斯特和麦凯尔维（Edquist & Mckelvey，1994）所认为的那样，上述现象是由国家创新体系的低效率导致的，因此需要进行政策修正；二是上述现象符合 R&D 投资边际报酬递减的自然属性；还有一种解释则是艾杰默等（Ejermo et al.，2011）提出的"创新系统失灵"和要素边际报酬递减规律共同作用的结果。我国学者史丹和李晓斌也为高 R&D 投入并不能带来更多经济效益的结论提供了证据。他们研究了经济发展水平、科技投入、企业制度与企业规模对高新技术产业发展的影响，通过统计发现高新技术产业的科技投入也具有边际效益递减的规律，而且当技术趋于成熟，R&D 投资也将会变为基础投资，技术波动风险将会降低，R&D 投入的回报自然也会下降。贝克和斯皮尔兹（Becker & Speltz，1983）也认为 R&D 活动达到一个关键节点之后，R&D 活动的生产率将会下降。与经济学中的"R&D 增长悖论"类似，管理学中的资源配置理论认为，作为公司战略决策的 R&D 活动需要持续而巨大的现金流投入，而一个企业的资源却是有限的。戈什（Ghosh，2012）、叶等（Yeh et al.，2010）认为 R&D 投入过大，占用资源过多，将必然导致其他生产要素投入不足，进而损害企业绩效。同时，科恩和列文托（Cohen & Levinthal，

1990）认为管理者在知识吸收和处理能力上的不足，也会使 R&D 投入对业绩的促进作用相对下降。因此，更多的 R&D 投入并不意味着更好的业绩表现。

总结上述研究可知，R&D 投入对于公司业绩的影响是由 R&D 活动的积极和消极因素共同作用的结果，企业 R&D 投入与业绩之间可能不是简单的线性关系，而更有可能是一种非线性关系。因为随着企业 R&D 投入的增加，R&D 投入对公司业绩的促进和消减的程度是不一致的。张和拉加高帕兰（Zhang & Rajagopalan, 2010）认为企业通过改变战略（如 R&D 投入强度）来配合环境的程度存在一个上限，超过这一限度，则更大的 R&D 投入强度会损害企业业绩，因此 R&D 投入的促进作用会随着 R&D 投入的增加而递减。与此同时，随着 R&D 投入的增大，R&D 作为一种要素投入的边际报酬递减规律以及 R&D 活动占用资源增多、管理者对 R&D 知识的吸收和处理能力不足等问题，都将增强 R&D 对公司业绩的消极作用。因此，可以认为当公司 R&D 投入处于较低水平时，R&D 投入对公司业绩所带来的促进作用将处于主导地位，此时增加 R&D 投入将促进业绩的提升。当 R&D 投入超过一定的限度之后，R&D 投入所带来的消极影响将会超过其积极影响，从而损害业绩。基于以上分析，本章提出假设 5-1：

假设 5-1：在其他因素条件相同的情况下，高新技术型企业的 R&D 投入与公司业绩之间存在着一种倒"U"形关系，即 R&D 投入存在一定限度，在未达限度时增加 R&D 投入，企业业绩将会上升；在限度之后继续增加 R&D 投入，企业业绩将会下降。

5.2.2 基于市场业绩的激励政策与企业研发投入之间的关系

不同的公司业绩指标反映出来的信息并不一致。一般而言，会计业绩反映的是企业的短期历史业绩，且易受管理层操纵。德可欧和斯金纳（Dechow & Skinner, 2000）、布希（Bushee, 1998）认为短期盈余会影响到作为企业战略（如 R&D 投入）制定者和执行人的 CEO 的奖励和职位安全，CEO 会通过 R&D 投入的费用化会计处理方式来削减 R&D 投入以改善短期绩效，会计业绩出现极值时的最优 R&D 投入水平会偏低。与会计业绩不同，市场业绩反映的是企业的长期业绩以及未来预期的现金流收益，它不易受到管理层控制。企业进行研发投入所带来的超额利润能够增加其未来现金流，从而增加企业价值。詹和马丁（Chan & Martin, 1990）认为股票市场会对高科技企业增加研发支出的公告有显著的积极反映，从而促使股价上涨，提升公司价值。一些 R&D 投资会降低当期会计业绩，但是会提升市场业绩。因此，基于市场业绩的激励政策更加有利于企业加大研发投入，实现最佳会计业绩时对应的 R&D 投资水平要低于实现最佳市场业绩时对应的 R&D 投资水平。根据上述分析，本章提出假设 5-2。

假设 5-2：基于市场业绩的激励政策更有利于管理层加大 R&D 投入，即在其他因素条件相同的情况下，实现最高市场业绩所对应的 R&D 投入水平高于最高会计业绩所对应的 R&D 投入水平。

5.3 研 究 设 计

5.3.1 样本选择与数据来源

证监会在 2009 年底发布的《创业板上市公司年报准则》对创业板公司研发数据信息的披露提出了更高的规范要求，也为本文的研究提供了便利。本章以 2009—2012 年创业板披露了年报数据的上市公司作为研究对象，通过深圳证券交易所网站披露的创业板公司年报进行手工收集创业板上市企业的研发数据，其他财务数据则来自国泰安数据服务中心（CSMAR），所使用的统计软件为 Stata10.1。在 2009—2012 年间上市的 355 家创业板公司的 804 个样本观察值。各年度的样本分布情况如表 5-1 所示。

表 5-1　　　　　　　　　样本的年度分布情况

年份	2009	2010	2011	2012	合计
样本量	33	147	275	349	804
比例（%）	4.104	18.284	34.204	43.408	100

5.3.2 变量定义

（1）因变量

一般而言，上市公司业绩通常包含会计业绩和市场业绩两种指标。总资产收益率作为衡量公司会计业绩的代理变量，反映的是企业的短期历史业绩，易受管理层操纵和报表粉饰的影响。而谢等（Hsieh et al.，2003）认为 Tobin's Q 相比于其他衡量公司价值的指标具有不易受到管理层操控、反映企业长期业绩以及未来预期的现金流收益等优势，且在公司价值相关的研究中，罗进辉和万迪昉、林等（Lin et al.，2006）均使用 Tobin's Q 作为公司价值的衡量指标。因此本章在选取总资产收益率作为公司业绩指标的同时选取了反映企业市场业绩表现的 Tobin's Q 指标作为业绩的代理变量，以增强研究结论的可靠性和可比性。

（2）自变量

任海云认为 R&D 投入强度是一个相对值，可以消除企业规模的影响，更有效地衡量企业的创新业绩，且目前国内外关于 R&D 投入的研究中大都采用 R&D 投入强度来度量公司的研发投入。因此，本章参考前人的研究，选择 R&D 投入强度（研发费用/营业收入）来衡量企业的研发投入水平。

（3）控制变量

为了控制其他企业特征和财务因素对公司业绩的影响，本章还选择总资产负债率、公司规模、IPO 年龄、成长性、股权集中度、股权制衡度、行业及年度作为控制变量。各变量的定义及说明见表 5-2。

表 5-2　　　　　　　　　　　变量定义

变量名称		变量符号	变量说明
因变量	总资产收益率	Roa	净利润/期末总资产余额
	Tobin's Q	Tq	（期末流通股数量×期末每股收盘价＋期末非流通股数量×期末每股收盘价＋期末负债账面价值）/期末总资产
解释变量	研发投入强度	Rdr	研发费用/营业收入
控制变量	总资产负债率	Lev	负债总额/期末资产总额
	公司规模	Size	总资产的自然对数
	IPO 年龄	Age	上市公司 IPO 到样本考察年的年数加 1 取对数
	成长性	Grow	营业收入增长率
	股权集中度	Top3	上市公司前三大股东持股比例之和

续表

变量名称		变量符号	变量说明
控制变量	股权制衡度	Gqzh	第二大至第五大股东持股比例之和与第一大股东持股比例的比值
	行业变量	Industry	以制造业为参照行业，按证监会的行业分类标准和创业板所有公司所涉及的行业，共设置 8 个行业虚拟变量
	年度变量	Year	以 2009 年为参照年，设置 3 个年度虚拟变量分别代表 2010 年、2011 年和 2012 年

5.3.3 模型设定

（1）公司业绩与 R&D 投入之间的非单调关系检验

为了检验创业板公司 R&D 投入强度与公司业绩之间的非单调关系并对比不同业绩指标下的最优 R&D 投入水平，本章引入 R&D 变量的一次方和平方项，构建如下计量回归模型。

$$FirmPerf = \alpha_0 + \alpha_1 Rdr + \alpha_2 Rdr^2 + \sum \gamma Control + \varepsilon \quad (5-1)$$

其中 $FirmPerf$ 为公司业绩代理变量，$Control$ 代表控制变量。

（2）公司业绩与 R&D 投入关系的敏感性检验

为了对 R&D 投入与公司业绩之间非单调关系的敏感性进行检验，以观察业绩上升和下降阶段公司业绩对 R&D 投入的敏感度有何差异，本章借鉴默克等（Morck et al.，1988）、吴祖光和万迪昉的方法，根据模型（5－1）回归结果得到的最值将 R&D 投入水平拆分为线段型变量并设定回归模型进行分段回归（piecewise regression）。具体模型如下：

$$FirmPerf = \beta_0 + \beta_1 Lrdr + \beta_2 Rrdr + \sum \beta_i Control_i + \delta \quad (5-2)$$

其中 $Lrdr$ 和 $Rrdr$ 分别代表最值左侧和右侧的线段型变量，$Control$ 为控制变量。上述两个线段型变量 $Lrdr$ 和 $Rrdr$ 分别为：

$$Lrdr = \begin{cases} Rdr, & \text{若 } Rdr \leq \overline{Rdr} \\ \overline{Rdr}, & \text{若 } Rdr > \overline{Rdr} \end{cases}, \quad Rrdr = \begin{cases} 0, & \text{若 } Rdr \leq \overline{Rdr} \\ Rdr - \overline{Rdr}, & \text{若 } Rdr > \overline{Rdr} \end{cases}$$

上式中 $\overline{Rdr}$ 是根据模型（5-1）针对会计业绩和市场业绩指标分别进行回归所得到的 R&D 投入的最值。

5.4 实 证 结 果

5.4.1 描述性统计

（1）各年度创业板上市企业 R&D 投入强度分布情况

表 5-3 列示的是 2009—2011 年登录创业板的上市公司 R&D 投入强度分布情况。一般认为，企业研发费用占到销售收入的 2% 才能维持企业的生存，而为了保持竞争力，这一比例必须达到 5%。从表 5-3 可知，我国绝大部分创业板公司的研发费用占营业收入的比重在 2% 以上，占所有样本的 95% 以上。其中近半数公司/年度样本的研发投入强度在 2%—5%，研发投入强度超过 5% 的样本只有 40% 多，说明我国创业板公司的研发投入能够维持企业生存，但是整体而言，竞争力不强。而随着上市年龄的增加，高研发投入（Rdr＞5%）的样本量占当年样本总量的比重却从 2009 年的 45.45% 降至 2010 年的 38.78%，然后又缓慢回升至 2011 年的 42.18%。

表 5-3　　　　　　　　R&D 投入强度分布表

R&D 投入强度	2009 年		2010 年		2011 年		合计（按投入强度）	
	样本量	比例（%）	样本量	比例（%）	样本量	比例（%）	样本量	比例（%）
0＜Rdr2%	2	6.06	11	7.48	12	4.36	25	5.49
2%＜Rdr≤5%	16	48.48	79	53.74	147	53.45	242	53.19
Rdr＞5%	15	45.45	57	38.78	116	42.18	188	41.32
合计（按年度）	33	100.00	147	100.00	275	100.00	455	100.00

（2）各主要变量的描述性统计

各主要变量的描述性统计如表 5-4 列示。创业板公司的总资产收益率 Roa

和 Tobin's Q 的方差均较大，说明创业板公司之间的业绩具有较大差别。研发投入强度 Rdr 均值为 0.068，标准差为 0.061，样本中 R&D 投入强度的最小值仅为 0.007，而最大值则达到 0.369，说明创业板公司的平均研发投入强度较大，但是各公司以及各年份之间均有较大差异。解维敏和方红星（2011）发现 2002—2006 年我国 A 股披露 R&D 投入的企业 R&D 投入强度均值为 0.840%，中位数为 0.315%。显然，创业板公司的研发投入强度远高于大中型工业企业，创业板公司的研发投入行为与大中型工业企业存在很大差异。从负债水平来看，以总资产负债率衡量的创业板公司整体负债均值为 0.173，说明创业板公司的整体负债并不高，这一结果符合 Williamson（1988）关于高研发投入的公司具有较低负债率的结论。此外，创业板公司的成长性和股权集中度普遍较高，股权制衡度却呈较低水平。从标准差来看，不同公司特征具有较大差异。

表 5-4　　　　　　　　　　描述性统计表

变量	样本量	均值	中位数	最小值	25% 分位数	75% 分位数	最大值	标准差
Roa	802	0.078	0.076	0.016	0.049	0.103	0.173	0.038
Tq	802	2.798	2.399	1.138	1.797	3.577	6.658	1.278
Rdr	804	0.068	0.047	0.007	0.035	0.077	0.369	0.061
Lev	804	0.173	0.142	0.020	0.082	0.232	0.533	0.119
Size	804	20.718	20.656	19.623	20.356	21.039	22.086	0.527
Age	804	1.840	2.000	1.000	1.000	2.000	4.000	0.872
Grow	804	0.247	0.216	-0.370	0.062	0.398	1.280	0.299
Top3	795	0.545	0.558	0.222	0.463	0.637	0.756	0.120
Gqzh	795	1.048	0.877	0.125	0.505	1.468	3.068	0.682

（3）各主要变量的 Pearson 相关系数

表 5-5 列示的是各主要变量的均值、标准差以及 Pearson 相关系数。从表中可看出，衡量企业业绩的总资产收益率 Roa、Tq、Tq20 和 Tq30 与公司研发投入强度 Rdr 之间并不存在显著的正相关关系。因变量、自变量和调节变量之间的相关系数值均不大，说明模型中这三类变量之间的共线性并不严重。

表 5-5　　　　　　　均值、标准差和 Pearson 相关系数矩阵

变量	1	2	3	4	5	6	7	8	9	10
Roa	1.00									
Tq	0.48***	1.00								
Tq20	0.31***	0.88***	1.00							
Tq30	0.36***	0.93***	0.99***	1.00						
Rdr	0.05	0.03	0.06	0.05	1.00					
Lev	-0.30***	-0.26***	-0.11**	-0.15***	-0.28***	1.00				
Size	-0.07	-0.13***	-0.11**	-0.12***	0.01	0.19***	1.00			
Age	-0.34***	-0.21***	0.11**	0.03	0.09**	0.11**	0.08*	1.00		
Grow	0.37***	0.15***	0.16***	0.16***	-0.07	0.16***	0.19***	0.05	1.00	
Top3	0.07	-0.03	-0.14***	-0.12***	-0.15***	0.05	-0.02	-0.12***	-0.01	1.00
Gqzh	0.09*	0.07	0.04	0.05	0.12***	-0.09**	0.02	-0.01	0.00	-0.47***

注：***，**，*分别表示双尾检验1%、5%和10%的显著性水平。

5.4.2　公司业绩与 R&D 投入的回归结果

本章在回归中对连续变量均做了 p=0.01 的 winsor 处理，以减轻离群值的影响。同时，为了降低共线性影响，本文还在构建平方项 Rdr^2 时进行了中心化处理。另外，考虑到 R&D 投入经历的周期较长，研发强度对公司业绩的影响需要通过一段时间的累积，可能具有滞后性，因此，本章还用公司业绩对滞后一期的 R&D 投入进行回归。结果如表 5-6 所示。

表 5-6　　　　　R&D 投入与创业板公司业绩的回归结果

Model	Roa		Tq	
	(1)	(2)	(3)	(4)
Rdr	0.044 (1.17)		3.750*** (3.41)	
Rdr^2	-0.447*** (-2.61)		-16.216*** (-3.44)	
Rdr_{-1}		0.008 (0.19)		3.258** (2.28)

续表

Model	Roa		Tq	
	(1)	(2)	(3)	(4)
Rdr_{-1}^2		-0.410 * (-1.88)		-15.979 *** (-2.75)
Lev	-0.111 *** (-11.29)	-0.108 *** (-9.92)	-1.582 *** (-5.31)	-1.213 *** (-3.44)
Size	0.005 ** (1.98)	0.012 *** (4.30)	-0.240 *** (-3.52)	-0.047 (-0.55)
Age	-0.015 *** (-8.95)	-0.002 (-0.72)	-0.038 (-0.89)	0.089 (1.55)
Grow	0.049 *** (12.69)	0.050 *** (10.35)	0.930 *** (7.67)	0.899 *** (5.83)
Top3	0.001 * (1.82)	0.001 (1.06)	0.003 (0.80)	0.007 (1.60)
Gqzh	0.005 ** (2.55)	0.004 * (1.88)	0.005 (0.10)	-0.029 (-0.42)
常数项	0.009 (0.19)	-0.177 *** (-2.94)	9.519 *** (6.51)	4.729 *** (2.59)
行业	已控制	已控制	已控制	已控制
年度	已控制	已控制	已控制	已控制
N	793	509	793	509
VIF 均值	2.28	1.74	2.28	1.74
F 值	32.09 ***	16.65 ***	51.34 ***	29.88 ***
Adj – R^2	0.400	0.332	0.564	0.491

注：(1) Rdr_{-1} 表示滞后一期研发投入强度；(2) ***，**，* 分别表示双尾检验1%、5%和10%的显著性水平；(3) 括号内为使用 White（1980）方法调整异方差后的 t 值。

表5-6中的回归结果显示，所有回归模型的 VIF 均值均较小（不大于3），表明回归模型的共线性问题并不严重。同时，所有回归的 F 值均在1%的统计水平上显著，说明方程的拟合效果较好。另外，从调整过的 R^2 来看，创业板上市公司的 R&D 投入水平对公司业绩具有较强的解释力。

具体地，本章以总资产收益率和 Tobin's Q 对创业板公司当期 R&D 投入的一次方和平方项进行回归，发现在回归（1）和（2）中 Rdr 的系数为正，但并没有达到传统的显著性水平，而 Rdr^2 的回归系数在 1% 的统计水平上显著为负。在回归（3）和（4）中，Rdr 的系数在 1% 的统计水平上显著为正，Rdr^2 的回归系数在 1% 的统计水平上显著为负。上述回归结果表明，创业板公司业绩与 R&D 投入之间确实存在非单调的倒"U"形关系，公司业绩随着 R&D 投入强度的增加出现先增长后下降的趋势。经验证据支持本章研究假设 5-1。过低或过高的 R&D 投入均不利于高新技术型企业实现最佳业绩。当公司的 R&D 投入处于较低水平时，增加 R&D 投入所带来的竞争优势可以发挥促进业绩的主导作用；而当 R&D 投入处于较高水平时，进一步增加 R&D 投入，"R&D 增长悖论"将会显现，同时资源挤占效应所带来的负面影响将会扩大，从而不利于公司业绩的进一步提升。

本章以当期 R&D 投入的回归系数测算能够达到最优公司业绩的 R&D 投入水平。经计算，分别以 Roa 和 Tq 衡量公司的会计业绩和市场业绩，最优 R&D 投入水平分别为 $0.044 \div 2 \times 0.447 = 0.049$ 和 0.116，该结果表明，能使创业板公司的会计业绩和市场业绩出现极值的最优 R&D 投入水平存在差异。这种结果上的差异验证了假设 5-2，即最高市场业绩对应的 R&D 投入水平要高于实现最高会计业绩时的 R&D 投入。该结果表明，以市场业绩作为基础对管理层的激励契约进行设计，可以促使作为企业研发政策制定者和执行者的管理层增加企业的 R&D 投入水平。

5.4.3 R&D 投入与公司业绩之间倒"U"形关系的敏感性检验

根据上文对当期最优 R&D 投入水平的测算，基本上可认为当期公司 R&D 费用占营业收入的大约 5%（12%）时，公司会计（市场）业绩达到极值水平。因此，本章分别以 $\overline{Rdr} = 5\%$ 和 $\overline{Rdr} = 12\%$ 的 R&D 投入强度作为分界点，分别构建 Lrdr 和 Rrdr 变量。

对于会计业绩，构建的两个线段型变量分别为：

$$Lrdr = \begin{cases} Rdr, \text{若 } Rdr \leq 0.05 \\ 0.05, \text{若 } Rdr > 0.05 \end{cases}, Rrdr = \begin{cases} 0, \text{若 } Rdr \leq 0.05 \\ Rdr - 0.05, \text{若 } Rdr > 0.05 \end{cases}$$

对于市场业绩，构建的两个线段型变量分别为：

$$Lrdr = \begin{cases} Rdr, 若 Rdr \leq 0.12 \\ 0.12, 若 Rdr > 0.12 \end{cases}, Rrdr = \begin{cases} 0, 若 Rdr \leq 0.12 \\ Rdr - 0.12, 若 Rdr > 0.12 \end{cases}$$

对上述线段变量采用模型（3）进行分段线性回归。结果如表5-7所示。

表5-7　R&D投入与公司业绩之间倒"U"形关系的敏感性检验

Model	Roa	Tq
常数项	-0.003 (-0.06)	9.399*** (6.42)
Lrdr	0.209* (1.89)	4.872*** (3.67)
Rrdr	-0.061** (-2.50)	-2.055** (-1.98)
控制变量	√	√
行业、年度变量	√	√
Adj-R^2	0.397	0.564
F值	31.41***	51.79***

注：（1）***，**，* 分别表示双尾检验1%、5%和10%的显著性水平；（2）括号内为使用White（1980）方法调整异方差后的t值。

表5-7中的敏感性检验结果说明：分别以Roa和Tq作为企业会计业绩和市场业绩代理变量，倒"U"形对称轴左侧的单调递增线性关系和右侧的单调递减线性关系均在统计意义上显著。以Roa（Tq）衡量公司业绩，R&D费用占营业收入的比例低于5%（12%）时，R&D投入越大，公司业绩越高；当R&D费用占营业收入的比重高于5%（12%）时，R&D投入越大，公司业绩表现越差。敏感性检验结果支持本章假设5-1。我们还发现：第一，从Lrdr和Rrdr的系数来看，|0.209|>|-0.061|（|4.872|>|-2.055|），说明在业绩上升阶段，公司业绩对R&D投入的敏感度要大于业绩下降阶段，即R&D投入较低时企业业绩上升的速度明显高于R&D较高时企业业绩下降的速度；第二，市场业绩对R&D投入的敏感性要高于会计业绩对R&D投入的敏感性（|4.872|>|0.209|，|-2.055|>|-0.061|），即研发投入水平较低时，增加研发投入能够更快地提高市场业绩；但是在较高的研发投入水平下，增加研发投入时市场业绩也下降得更快。市场业绩对于研发投入水平的变化更加敏感。因此，以市场业绩为基础的激励

政策不仅能够有利于企业提高研发投入水平,构建更强的核心竞争力,而且可能会促使企业家付出更大的努力选择最佳的研发投入水平。因为在研发水平低于最优时,增加研发投入能够带来市场业绩的快速增长,而在研发水平高于最优时,增加研发投入会很快削减市场业绩。上述敏感性检验结果进一步验证了假设 5-2。以市场业绩为基础的激励政策不仅能够增强管理层实施必要研发投资的意愿,同时也能降低管理层实施不必要研发投资的可能性。因而,以市场业绩为基础的激励政策不仅能够激励企业创新投入,而且还能够改善资源配置,提高整个社会福利。

5.5 稳健性检验

5.5.1 公司业绩的其他度量方式

本章用净资产收益率(Roe)代替 Roa 作为会计业绩指标进行稳健性检验。另外,考虑到我国资本市场较为特殊,上市公司的股票在一定时期内存在流通股、非流通股和限售股并存的现象,而非流通股在一定条件限制下不能上市交易,不具有市场价格,限售股则因为锁定期的限制具有非流通股的性质。因此本章在计算 Tobin's Q 时用流通股股价来计算非流通股和限售股的价值。陈和熊(Chen & Xiong,2002)的研究表明,中国非流通股的折价比例高达 70%~80%。因此我们在稳健性检验中考虑非流通股的折价因素,借鉴罗进辉和万迪昉的处理方式,用流通股股价分别乘以 20% 和 30% 来度量非流通股和限售股的价值,从而得到度量公司市场业绩的另外两个 Tobin's Q 指标,即 Tq20 和 Tq30。以此来检验 Tobin's Q 作为公司业绩变量的稳健性。同时,从净资产的角度,调整 Tobin's Q 的计算方式,采用 Tqs =(年末流通股数量×年末每股收盘价+年末非流通股数量×年末每股净资产+年末负债账面价值)÷年末总资产作为公司市场业绩的另一种度量方式。回归结果如表 5-8 所示。结果表明,以折价后的 Tobin's Q 衡量企业业绩,公司业绩与 R&D 投入之间仍然呈显著的倒"U"形关系,本章假设 5-1 得到进一步支持。同时,针对不同业绩衡量方式进行计算,最高市场业绩所对应的 R&D 投入水平仍然高于实现最佳会计业绩时的 R&D 投入水平，假设 5-2 也得到进一步验证。

表 5-8 变更因变量的回归结果

Model	Tq20	Tq30	Tqs	Roe
Rdr	1.668 ** (2.15)	1.661 ** (2.17)	1.437 *** (3.19)	0.039 (0.92)
Rdr^2	-6.301 ** (-2.28)	-6.291 ** (-2.30)	-5.596 *** (-2.94)	-0.440 ** (-2.36)
常数项	2.548 *** (2.89)	2.586 *** (2.98)	4.250 *** (7.77)	0.039 (0.72)
VIF 均值	1.53	1.53	2.28	2.28
F 值	29.74 ***	28.78 ***	23.84 ***	28.69 ***
Adj-R^2	0.385	0.385	0.351	0.360
R&D 最优值	0.132	0.132	0.128	0.044

注：(1) ***，**，* 分别表示双尾检验 1%、5% 和 10% 的显著性水平；(2) 括号内为使用 White (1980) 方法调整异方差后的 t 值。

5.5.2　改变 R&D 投入的计算方式

目前也有学者如崔和马克（Cui & Mak, 2002）、塞弗特和高南思（Seifert & Gonenc, 2012）等用 R&D 投入强度 = 研发费用÷总资产的方式来衡量公司的 R&D 投入水平。本章借鉴这种计算方式对 R&D 投入强度进行重新计算，然后分别以公司会计业绩和市场业绩对其进行回归。同样地，为了检验公司业绩与滞后期的 R&D 投入是否仍然为倒"U"形关系，本章还用公司业绩对滞后一期的 R&D 数据进行回归。结果表明，变更 R&D 投入强度的计算方式之后，公司 R&D 投入强度与业绩之间仍然存在显著的倒"U"形关系，且以 Tq 衡量业绩时的最优 R&D 投入也高于以 Roa 衡量业绩时的最优 R&D 投入。该结果与假设 5-1 和 5-2 保持一致。说明本章的研究结果是稳健的。

5.6 研究结论和建议

如何在现有科技资源基础上进一步提高我国科技生产效率并增强高新技术型企业的国际竞争力正日益成为我国学者们关注的研究话题。以往关于 R&D 投入对公司业绩正向影响的研究基本得到了学术界的一致认可，但是这些研究主要是从两者之间的线性关系角度出发所做的分析，鲜有针对企业 R&D 投入与业绩之间的非线性关系以及 R&D 投入是否存在适度范围问题的研究。实际上，由于存在"R&D 增长悖论"和 R&D 的资源挤占效应，R&D 投入并非越多越好。因此，本章将在前人研究的基础上更进一步，以 2009—2012 年我国创业板上市公司为研究对象，讨论 R&D 投入与高新技术企业业绩之间的非线性关系和 R&D 投资的适度范围问题。研究结果表明：

（1）高新技术企业的公司业绩与 R&D 投入强度之间呈非线性的倒"U"形关系。说明 R&D 投入并非越多越好，而是存在适度范围。当 R&D 投入未达到最大化公司业绩的极值时，增加 R&D 投入会提升公司业绩；当 R&D 投入超过能够最大化公司业绩的极值时，再增加 R&D 投入将会损害公司业绩。

（2）最高市场业绩时的 R&D 投入水平要高于最高会计业绩时的 R&D 投入。因此，企业在制订激励政策时，采用会计业绩还是市场业绩作为激励参考指标，会对企业的研发投资行为产生很大影响。以市场业绩为基础的激励政策有利于企业提高研发投入。

（3）业绩上升阶段公司业绩对 R&D 投入的敏感度要高于业绩下降阶段。在业绩达到极值之前，加大 R&D 投入可以带来更快的业绩增长；但是业绩达到极值之后，继续加大 R&D 投入，业绩的下滑速度则表现得较为平缓。会计业绩对 R&D 投入的敏感性低于市场业绩对 R&D 投入的敏感性。以市场业绩为基础的激励政策会促使企业仅付出更大的努力选择最佳的研发投入水平，同时增强管理层实施必要研发投资的意愿并降低管理层实施不必要研发投资的可能性。从而在激励企业创新投入的同时，改善资源配置，提高整个社会福利。

R&D 作为构建企业核心竞争力和提升企业业绩的重要活动，但是过多的 R&D 投入并不一定带来持续的业绩增长，R&D 投入存在适度范围。根据本章研究结论，我们提出：第一，作为企业决策者，需根据其要实现的市场业绩或会计业绩权衡其研发投入水平。如果激励政策是以会计业绩为基础，企业的研发投入不宜太高。第二，作为激励政策制定者，需要选择有利于创新活动的激励基准。基于市场业绩的激励政策不仅有利于企业加大 R&D 投入，而且还能促进企业付出更大的努力甄别出优质的研发投资项目，提高研发投资活动效率。

第6章 高新技术中小企业研发投入、债务融资契约与企业业绩

6.1 概　　述

以企业的 R&D 投资为主的中小企业创新活动容易受到融资约束。而由于中小企业的固有特征，在其内源融资不足时，通过金融市场中的债务和权益等外源融资解决融资难问题也存在一定的局限。高新技术中小企业作为创新主体，其创新研发活动对实现我国创新型国家战略和创新驱动的经济"新常态"都至关重要，而 R&D 投入对于提升企业业绩的积极贡献，也基本得到了学界的一致认可（陈修德等，2011）。但是，创新研发特有的高度信息不对称、收益不确定性和低担保价值等特征使中小高科技企业难以获得银行信贷等间接融资（Hall，2010），因而普遍存在融资难和融资贵的问题。为了拓宽我国高新技术中小企业的融资渠道，我国近年来发布了多项支持中小企业扩大债务融资规模的政策法规[①]，以期通过扩大中小企业的直接债务融资规模来解决其融资难问题。那么，企业 R&D 投入与企业业绩之间是否是一种简单的线性关系？提高债务融资水平对 R&D 投入和企业业绩之间的关系又会产生何种影响？本章将以创业板高新技术中小企业作为研究对象，回答上述问题，从而为改善我国高新技术中小企业融资困境提供理论支持。

---

① 如 2010 年发布的《关于进一步做好中小企业金融服务工作的若干意见》和 2011 年发布的《"十二五"中小企业成长规划》均提出探索和开发符合中小企业需求特征的创新性债券融资金融产品，扩大中小企业债务融资规模。

6.2 文献回顾与研究假设

6.2.1 研发投入与企业业绩

现有国内外大多数的研究认为，R&D 投入对企业业绩有显著的促进作用（Hall，1993；陈守明等，2012），两者之间存在着显著的线性关系。但是 R&D 投入过大，占用资源过多，将必然导致其他方面资源投入不足，进而损害绩效（Ghosh，2012），而管理者在 R&D 知识吸收和处理能力上的不足（Cohen and Levinthal，1990），也会随着 R&D 投入的增大损害企业业绩，可见 R&D 投入对于企业业绩的影响是由 R&D 活动的积极和消极因素共同作用的结果，而且随着企业 R&D 投入的增加，其对企业业绩的促进和消减的程度是不一致的。企业通过改变 R&D 投入强度来配合环境的程度存在一个上限（Zhang and Rajagopalan，2010），当过高的 R&D 投入占用大量资源时，管理者对 R&D 知识的吸收和处理能力不足，都将增强 R&D 的消极影响。因此当企业 R&D 投入处于较低水平时，增加 R&D 投入的促进作用将会超过由于 R&D 占用资源所带来的负面效应。但是，继续增加 R&D 投入，资源占用及管理层能力不足的问题将会放大 R&D 对业绩的消减作用，使 R&D 投入与企业业绩之间呈现出非线性的倒"U"形关系特征。由此我们提出假设 6-1：

假设 6-1：其他条件不变的情况下，R&D 投入强度与企业业绩之间存在着一种倒"U"形关系，即随着企业 R&D 投入的增大，企业业绩会先逐渐增加，然后逐渐降低。

6.2.2 债务融资对 R&D 投入与企业业绩之间关系的调节作用

在金融市场存在摩擦的情况下，融资约束将直接影响企业投资决策，而债务融资作为企业直接融资的一种重要手段，自然会对企业的 R&D 投资决策产生影响，进而影响企业业绩（Franko，1989）。一般认为，不同的负债水平代表不同程度的硬性约束和债权人监督水平，因此负债对 R&D 投入和企业业绩之间关系的影响会随负债水平不同而存在差异。①在企业负债水平较低时，企业还本付息压力较小且债权人监督水平不高，经理人可以利用 R&D 投资攫取更多私人收益（童盼和陆正飞，2005b），而 R&D 投资越高的企业，管理层过度投资以攫取私人收益的可能性越高。另外，随着 R&D 投入的增加，其所占资源也会增多，管理者可能缺乏对更多 R&D 知识的吸收和处理能力（Cohen and Levinthal，1990）。因此，随着 R&D 投入的增大，资源占用和管理者能力不足等原因会扩大 R&D 投入的消极影响而削弱其积极作用，从而导致 R&D 投入与企业业绩之间将会呈现一种倒"U"形关系。②在较高负债水平下，企业将承担较大的还本付息压力，因而面临更大的现金流压力和更高的破产概率，此时债权人会提高监督强度，而经理人为了避免企业破产影响自身职位和声誉，会付出更多努力对研发项目进行甄别，此时只有确实是高质量的研发项目才会得到实施（Grossman and Hart，1982）。企业 R&D 投入水平低时，说明企业没有足够多的高质量研发项目，从而降低企业业绩；而当企业 R&D 投入水平高时，说明企业具有足够多的高质量研发项目，企业资金投入这些高质量的研发活动将会提高企业的业绩。在外部监督和管理层努力甄别的情况下，R&D 投入水平的高低都是债权人监督和企业管理层努力甄别研发项目质量实现分离均衡的结果。而处于中等 R&D 投入水平的企业，其管理层可能是奉行一种中庸的管理哲学，并没有付出足够的努力去识别有价值的投资项目，做出随大流的投资决策，因而这些企业可能具有较低的业绩（王铁山，冯宗宪，2008）。因此，在高负债情况下，企业 R&D 投入与业绩之间可能呈现一种"U"形关系。根据以上分析，本章提出假设 6-2：

假设 6-2：其他条件不变，高新技术企业负债水平能够反向调节企业业绩与 R&D 投入之间的关系，即随着负债水平的提高，R&D 投入与企业业绩之间会由倒"U"形关系逐渐转变为"U"形关系。

6.3 研究设计

6.3.1 样本选择与数据来源

本章数据均来自 Wind 数据库披露的创业板企业年报，所使用的统计软件为 Stata10.1。在样本企业的选取上，本章以 2011—2013 年披露了年报数据的创业板上市企业作为研究对象，同时剔除期间未披露企业研发数据的企业。为了减轻离群值对估计结果的影响，本章还在实证分析中对主要变量均做了 $p=0.01$ 的 winsor 处理。

6.3.2 变量选择

（1）因变量

一般而言，上市企业业绩通常包含会计业绩和市场业绩两种指标。本章选取总资产收益率（ROA）作为衡量企业会计业绩的代理变量。同时本章还选取了反应企业市场业绩表现的 Tobin's Q 指标作为 ROA 的替代指标进行分析，以增强研究结论的客观性和可比性。

（2）自变量

R&D 投入强度是一个相对值，可以消除企业规模的影响，更有效地衡量企业的创新业绩（任海云，2010）。因此，本章选择 R&D 投入强度 = 研发费用 ÷ 营业收入来衡量企业的研发投入水平。

（3）控制变量

为了控制其他企业特征和财务因素对企业业绩的影响，本章还选择企业总资产负债率、企业规模、IPO 年龄、成长性、终极控制权性质、股权集中度、股权制衡度、行业及年度作为控制变量。各变量的定义及说明见表 6-1。

表 6-1　　　　　　　　　　　主要变量定义

变量名称		变量符号	变量说明
因变量	总资产收益率	Roa	净利润/期末总资产余额
	Tobin's Q	Tq	（流通股数量×期末收盘价+非流通股数量×期末收盘价+负债总额）/期末总资产
自变量	研发投入强度	Rdr	研发费用/营业收入
控制变量	总资产负债率	Lev	负债总额/期末资产总额
	企业规模	Size	总资产的自然对数
	IPO 年龄	Age	上市企业 IPO 到样本考察年的年数
	成长性	Grow	营业收入增长率
	股权集中度	Top3	上市企业前三大股东持股比例之和
	股权制衡度	Gqzh	第二大至第五大股东持股比例之和与第一大股东持股比例的比值
	年度变量	Year	以 2011 年为参照年，设置 2 个年度虚拟变量分别代表 2012 年和 2013 年
	行业变量	Industry	以制造业为参照行业，按证监会的行业分类标准和创业板所有企业所涉及的行业，共设置 8 个行业虚拟变量

6.3.3 模型设定

本章借鉴 Zhang 和 Rajagopalan（2010）的研究方法，采用分层回归模型来说明 R&D 投入强度与企业业绩之间的关系，并检验企业负债水平对上述关系的调节作用。计量回归模型如下：

$$FirmPerformance = \alpha_0 + \alpha_1 Rdr + \alpha_2 Rdr^2 + \alpha_3 Lev + \alpha_4 Lev \times Rdr + \alpha_5 Lev \times Rdr^2 + \sum \gamma Control + \varepsilon \quad (6-1)$$

其中 $Firmperformance$ 代表企业业绩度量指标，包括总资产收益率 ROA 和 Tobin's Q。$Control$ 代表控制变量，包括企业规模、IPO 年龄、成长性、股权集中度、股权制衡度以及行业和年份虚拟变量。

6.4 实证结果

6.4.1 描述性统计

主要变量的描述性结果表明,创业板企业之间业绩差别较大;Rdr 均值为 0.07,标准差为 0.06,说明创业板企业的平均研发投入强度较大,但是各企业之间存在较大差异;创业板企业整体负债均值为 17.25%,说明创业板企业的整体负债并不高,有进一步提升空间。

6.4.2 R&D 投入与创业板企业业绩的混合截面分层回归分析

考虑到企业效应和时间效应会产生截面相关和时间序列自相关问题,本章在构建平方项时对 R&D 变量进行了中心化处理,以降低共线性影响。回归结果如表 6-2 所示。

表 6-2　　R&D 投入与创业板企业业绩的回归结果

Model	Roa			Tq		
	(1-A)	(1-B)	(1-C)	(2-A)	(2-B)	(2-C)
常数项	0.116** (2.22)	0.009 (0.19)	0.004 (0.08)	11.233*** (7.89)	9.518*** (6.51)	8.600*** (5.24)
Size	-0.001 (-0.48)	0.005** (1.98)	0.005** (2.07)	-0.327*** (-4.99)	-0.240*** (-3.52)	-0.197** (-2.52)
Age	-0.016*** (-8.62)	-0.015*** (-8.95)	-0.016*** (-9.12)	-0.043 (-0.98)	-0.038 (-0.89)	-0.045 (-1.00)
Grow	0.044*** (10.57)	0.049*** (12.69)	0.049*** (12.81)	0.843*** (6.78)	0.930*** (7.67)	0.920*** (7.00)
Top3	0.001* (1.80)	0.001* (1.82)	0.001* (1.81)	0.003 (0.81)	0.003 (0.80)	0.004 (0.99)

续表

Model	Roa			Tq		
	(1-A)	(1-B)	(1-C)	(2-A)	(2-B)	(2-C)
Gqzh	0.006*** (2.99)	0.005** (2.55)	0.005*** (2.70)	0.044 (0.77)	0.005 (0.10)	0.030 (0.45)
Rdr		0.044 (1.17)	0.078 (1.48)		3.750*** (3.41)	5.725*** (2.93)
Rdr^2		-0.447*** (-2.61)	-0.807*** (-3.31)		-16.216*** (-3.44)	-29.080*** (-3.96)
Lev		-0.111*** (-11.29)	-0.105*** (7.05)		-1.582*** (-5.31)	-1.259** (-2.33)
Rdr×Lev			-0.276 (-1.02)			-12.498 (-1.33)
Rdr^2×Lev			3.287*** (2.71)			97.215** (2.13)
Industry	Yes	Yes	Yes	Yes	Yes	Yes
Year	Yes	Yes	Yes	Yes	Yes	Yes
N	793	793	793	793	793	793
F值	21.57***	32.09***	31.83***	55.73***	51.34***	36.43***
R^2	0.305	0.414	0.420	0.518	0.550	0.553
ΔR^2		0.109***	0.006***		0.032***	0.003*

注：(1) ***，**，* 分别表示双尾检验1%、5%和10%的显著性水平；(2) 括号内为使用White (1980) 方法调整异方差后的t值。

表6-2中的回归结果显示，模型（1-B）中Rdr与Roa之间不存在显著相关性，而模型（2-B）中Rdr与Tq之间存在显著的正相关关系。（1-B）（2-B）中的Rdr^2与企业业绩之间则均在1%的统计水平上呈显著负相关关系，而从模型的ΔR^2及其F检验结果来看，模型（1-B）和（2-B）中加入Rdr、Rdr^2和Lev之后，方程的解释力显著增强。说明随着R&D投入的增加，企业业绩是先上升而后下降，假设6-1得到验证。

为了检验企业负债水平是否会影响R&D投入强度与业绩之间的关系，模型（1-C）和（2-C）进一步引入交乘项Rdr×Lev和Rdr^2×Lev。回归结果显示，模型（1-C）和（2-C）中，交乘项Rdr×Lev与Roa和Tq之间并不存在显著的负相关关系,但是 $Rdr^2 \times Lev$ 则分别在 1% 和 5% 的统计水平上显著正向影响 Roa 和 Tq。从 $Rdr^2 \times Lev$ 的系数而言,企业负债水平会对拟合曲线的斜率产生正向影响,即随着企业负债水平的上升,企业 R&D 投入对业绩的边际贡献会增大,当负债达到临界值时,R&D 投入对业绩的边际贡献会由负转正,使得方程的拟合曲线由倒"U"形形态向"U"形转变。此外,从新引入变量之后方程的 ΔR^2 来看,加入交乘项 $Rdr \times Lev$ 和 $Rdr^2 \times Lev$ 之后,模型 (1 - C) 和 (2 - C) 中的 ΔR^2 分别 0.006 和 0.003,均通过了 F 检验。上述结果表明,负债融资对于 R&D 投入强度和企业业绩之间的关系确实存在显著的反向调节作用,即 R&D 投入与企业业绩之间由倒"U"形关系逐渐转变为"U"形关系,假设 6 - 2 得到验证。

6.4.3 债务融资的调节效应图

为了更好地展示 R&D 投入强度与企业业绩之间的关系,我们还利用 Mathmatic 4.0 软件分别以模型 (1 - C)(2 - C) 和 (3 - C) 为基础绘制了总资产负债率 Lev 的调节效应图。图 6 - 1 表明,在企业负债率较低时,Rdr 与分别以 Roa 和 Tq 衡量的企业业绩之间呈倒"U"形关系,即增加 R&D 投入时,企业业绩会经历一个先增长而后逐渐降低的过程。随着企业负债水平的提高,R&D 投入与企业业绩之间的倒"U"形关系也会逐渐减弱并且向"U"形关系转变,即随着企业负债率的提高,增加 R&D 投入会使企业业绩经历一个先减少然后不断增加的过程。图 6 - 1 的结果进一步说明了负债融资对 R&D 投入强度与企业业绩之间关系的调节作用。也直观地验证了本章的假设 6 - 2。

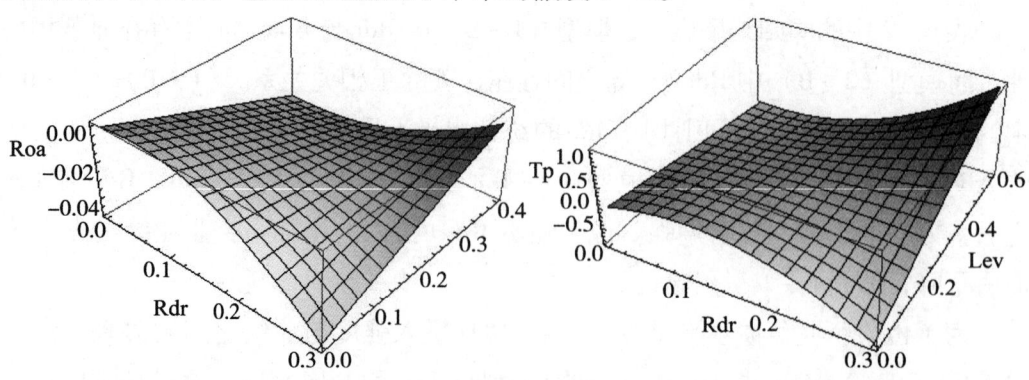

图 6 - 1　总资产负债率 Lev 对 R&D 投入强度与企业业绩的调节作用

6.4.4 稳健性检验

(1) Tobin's Q 的折价计算

我国资本市场较为特殊，上市企业的股票在一定时期内往往存在流通股、非流通股和限售股并存的现象，而非流通股在一定条件限制下不能上市交易，不具有市场价格，限售股则因为锁定期的限制具有非流通股的性质。因此本章在计算 Tobin's Q 时用 Chen and Xiong（2002）和罗进辉和万迪昉（2010）的数学处理方式，计算得到度量企业价值的另外两个 Tobin's Q 指标，即 Tq20 和 Tq30。以此来检验 Tobin's Q 作为企业业绩变量的稳健性。回归结果如表 6-3 所示。结果表明，尽管与未折价的 Tobin's Q 相比，交乘项的系数显著性有所下降，但是负债水平仍然对折价计算的 Tq 与 R&D 投入之间的关系起到反向调节作用，本章假设均得到进一步支持。

表 6-3   Tobin's Q 进行折价计算后的分层回归结果

Model	Tq20		Tq30	
	(4-A)	(4-B)	(5-A)	(5-B)
Rdr	1.993*** (3.36)	2.715*** (2.97)	2.258*** (3.45)	3.088*** (3.01)
Rdr^2	-7.709*** (-3.02)	-12.322*** (-3.58)	-8.971*** (-3.20)	-14.417*** (-3.74)
Lev	-0.001 (-0.01)	0.185 (0.73)	-0.205 (-1.22)	0.005 (0.02)
Rdr × Lev		-5.372 (-1.18)		-6.195 (-1.23)
Rdr^2 × Lev		38.247* (1.68)		45.439* (1.80)
控制变量	已控制	已控制	已控制	已控制
F 值	26.02***	23.73***	29.26***	26.72***
R^2	0.403	0.405	0.432	0.435
ΔR^2	0.011***	0.002*	0.013***	0.003*

注：(1) ***，**，*分别表示双尾检验 1%、5% 和 10% 的显著性水平；(2) 括号内为使用 White (1980) 方法调整异方差后的 t 值。

(2) 研发投入的其他计算方式

目前也有学者如 Cui 和 Mak (2002)、Seifert 和 Gonenc (2012) 等用 R&D 投入强度 = 研发费用÷总资产的方式来计算企业的 R&D 投入水平。本章借鉴这种计算方式对 R&D 投入强度进行重新计算，然后分别以 Roa 和 Tq 对其进行分层回归（见表 6-4）。

表 6-4　　变更 R&D 投入计算方式后的分层回归

Model	Roa		Tq	
	(7-A)	(7-B)	(8-A)	(8-B)
Rdr	0.379*** (3.29)	0.470*** (2.59)	8.278** (2.50)	16.034*** (2.74)
Rdr^2	-9.483*** (-3.40)	-17.094*** (-3.55)	-151.131** (-2.00)	-397.935*** (-3.23)
Lev	-0.111*** (-11.83)	-0.110*** (-6.66)	-1.809*** (-6.26)	-1.139** (-2.01)
Rdr×Lev		-0.530 (-0.69)		-45.567* (-1.78)
Rdr^2×Lev		57.825** (2.09)		1711.672*** (2.67)
控制变量	已控制	已控制	已控制	已控制
F 值	32.86***	30.80***	50.30	45.39***
R^2	0.417	0.422	0.570	0.573
ΔR^2	0.112***	0.005*	0.028***	0.003**

注：(1) ***, **, *分别表示双尾检验1%、5%和10%的显著性水平；(2) 括号内为使用 White (1980) 方法调整异方差后的 t 值。

表 6-4 的结果显示，以研发费用占总资产的比例衡量 R&D 投入强度进行回归，负债水平仍然能够反向调节企业业绩与 R&D 投入之间的关系，显示实证结果的稳健性，同时本章的假设也进一步得到验证。

6.5　研究结论与政策建议

6.5.1　研究结论

R&D 投入对企业业绩的正向影响基本已经得到了学术界的一致认可,但是现有研究却忽视了 R&D 的边际报酬递减规律,也缺乏对 R&D 投入和企业业绩之间更为复杂关系的研究。此外,高新技术型企业的特征决定了其融资难的现实困境,而在我国融资体系发展尚不成熟且直接融资市场的权益融资功能受众较小的现实背景下,研发投入密度较大的高新技术型企业要想获得研发资金并构建自己的核心竞争力,只有通过提高债务融资比例来满足 R&D 活动对资金的大量而持续的需求。如此一来,债务融资对研发投入和企业业绩之间关系的影响也日益凸显其重要性。本章在前人研究的基础上,丰富了 R&D 投入与企业业绩的研究成果。同时探索了不同债务融资水平下,R&D 投入影响企业业绩的边界条件。研究结果表明:

(1) 在其他条件不变的情况下,创业板中的高新技术企业业绩与 R&D 投入之间呈倒"U"形关系,说明企业的 R&D 投入并非越高越好,需要保持在一个合理的投入水平,以取得最高的效率。

(2) 以总资产负债率衡量的债务融资水平能够反向调节 R&D 投入强度与企业业绩之间的非线性关系。在企业负债水平较低时,R&D 投入强度与企业业绩之间存在一种倒"U"形关系。但是在企业负债处于较高水平时,R&D 投入强度与企业业绩之间存在一种"U"形关系。说明提高企业债务融资水平,能够增强 R&D 投入的积极作用,提高投资效率。

6.5.2　政策建议

R&D 作为构建企业核心竞争力和提升企业业绩的重要活动,需要持续而大量的资金支持。在直接融资市场中的权益融资占比较小的现实条件下,发展企业债券市场对于高新技术企业而言显得至关重要。但是不同的负债水平下，R&D 投入与企业业绩之间的关系呈现不一致的非线性关系。本章的研究结果表明，在创业板上市企业平均负债率偏低的前提下，适度的提高企业负债水平能够调节 R&D 投入和企业业绩之间的关系，通过债务的激励约束效应来促使管理者付出更多努力，从而有助于提高企业经营效率。因此，如何引导高技术型企业的研发资金投入，最大限度地发挥 R&D 对业绩的提升作用，需要企业经营者根据企业的实际情况制订相应的研发战略。同时，全球经济一体化为我国企业带了机遇和挑战，国家自主创新发展战略也为高新技术型企业的研发活动提供了良好的政策环境，其中就包括多层次资本体系的建设，以满足广大中小企业尤其是高技术型中小企业的融资需求。由于 R&D 的高风险特性，使得企业 R&D 融资主要依赖内源性融资，而外源性融资渠道的单一将极大制约企业的发展，在我国权益融资渠道受众较小的现实背景下，发展包括可转债、企业债等长期债务融资方式在内的符合我国特色的债券融资市场，对于解决高技术型企业的研发融资问题，将显得极为重要。

第 7 章　结论与政策建议

7.1　结　　论

　　本书基于我国高新技术中小企业融资难和融资贵的现实背景，首先，在总结前人研究的基础上，结合高新技术中小企业特征，设计了中小企业直接融资契约的实验室实验用以检验私有信息和谈判力等特征对企业融资契约选择的影响，其次，基于不完全契约理论分别设计了符合中小高科技企业特征和融资需求的研发资产证券化债务契约和可转债融资契约并用实验研究验证了相关研究假设；再次，基于信息不对称理论实证检验了高新技术中小企业的研发投入与企业业绩之间的关系；最后，以创业板上市公司作为研究对象，实证检验了高新技术中小企业研发投入、债务融资契约与企业业绩之间关系。通过文献梳理，理论综述，综合运用实验室实验和经验研究方法，得到如下结论：

　　（1）在高新技术中小企业融资契约中，私有信息和投融资双方的谈判力会直接影响投融资双方的选择以及企业对不同融资契约的偏好。具体而言：①融资方是否具有私有信息对其契约选择具有显著影响。具体表现为：当投融资双方谈判力均等且融资方具有项目"好"状态的私有信息时，融资方最倾向于选择公司债即标准债务契约；而当投融资双方谈判力均等且融资方具有项目"坏"的私有信息时，融资方最倾向于选择股票这种与投资方一起共担分险均分收益的融资契约。②投资方的谈判力优势对于融资方的契约选择有显著影响。在控制私有信息的前提下，融资方之间的竞争导致了投资方在融资契约签订过程中具有谈判力优势，这种优势将会导致融资方更多的选择可转债这种具有转股期权的灵活融资方式，为投资者提供保护。③在融资方具有私有信息但是投资方拥有谈判力的前提下，投资方谈判力越大，则融资方私有信息对自身契约选择的影响越小。

（2）高新技术中小企业的研发资产证券化融资契约中，金融中介和投资者之间的契约履行过程中，投资者可根据债券违约状况确定向金融中介支付报酬的最优时间点和金额，进而可以提高金融中介筛选研发资产的努力水平，并降低企业家的违约概率。具体到实验中，我们发现：①在给定不同质量资产情形下，投资者的购买量存在显著差异，即高违约率资产在资产组合中所占比例越高（低），则投资者愿意购买的数量越少（多），投资者通过购买行为影响金融中介收益，进而提高金融中介筛选努力水平。②金融中介筛选资产时付出的努力水平与债券的首次违约时间、投资者购买量、金融中介的累计收益正相关，即金融中介筛选资产时付出的努力水平越高，则债券首次违约出现的时间越晚，投资者购买量会越高，进而金融中介的收益也会越高。结果表明，将债券违约率和投资者行为作为金融中介收益的决定因素，将能够有效降低金融中介的道德风险行为，实现金融中介和投资者的风险共担。上述结论说明了在资产证券化激励契约的设计中，应充分发挥以资产违约状况支付报酬的动态激励方式对金融中介和投资者双方的激励作用。

（3）不同条款的可转债对投融资双方产生不一样的激励约束效应，且在条款中引入控制权相机配置机制将有效提高双方的努力水平和社会总福利。具体而言：①其他条件相同时，不同条款的可转债会对投资者产生不一样的激励约束效应。投资者的初始投资水平在带限制条件的可赎回可转债中最高，简单可转债次之，可直接赎回可转债最低；②其他条件相同时，不同条款的可转债对企业家的激励约束效应也存在差异。带限制条件的可赎回可转债中企业家愿意投入的努力水平最高，可直接赎回可转债次之，简单可转债最低；③其他条件相同时，控制权相机配置机制能够提高社会总福利，可转债契约中引入控制权相机配置机制时产生的项目收益要高于未引入控制权相机配置的情形。

（4）高新技术中小企业将融资获得的资金投入研发活动中，研发投入与业绩之间存在非线性关系，且研发投入存在适度范围。由于 R&D 的资源挤占效应，R&D 投入并非越多越好。具体而言：①高新技术企业的公司业绩与 R&D 投入强度之间呈非线性的倒"U"形关系。说明 R&D 投入并非越多越好，而是存在适度范围。当 R&D 投入未达到最大化公司业绩的极值时，增加 R&D 投入会提升公司业绩；当 R&D 投入超过能够最大化公司业绩的极值时，再增加 R&D 投入将会损害公司业绩。②最高市场业绩时的 R&D 投入水平要高于最高会计业绩时的 R&D 投入。因此，企业在制定激励政策时，采用会计业绩还是市场业绩作为激励参考指标，会对企业的研发投资行为产生很大影响。以市场业绩为基础的激励政策有利于企业提高研发投入。③业绩上升阶段公司业绩对 R&D 投入的敏感度要高于业绩下降阶段。在业绩达到极值之前，加大 R&D 投入可以带来更快的业绩增长；但是业绩达到极值之后，继续加大 R&D 投入，业绩的下滑速度则表现得较为平缓。会计业绩对 R&D 投入的敏感性低于市场业绩对 R&D 投入的敏感性。以市场业绩为基础的激励政策会促使企业仅付出更大的努力选择最佳的研发投入水平，同时增强管理层实施必要研发投资的意愿并降低管理层实施不必要研发投资的可能性。从而在激励企业创新投入的同时，改善资源配置，提高社会福利。

（5）不同债务融资水平下，R&D 投入影响企业业绩存在边界条件，R&D 投入和企业业绩之间存在非线性关系。具体而言：①在其他条件不变的情况下，创业板中的高新技术企业业绩与 R&D 投入之间呈倒"U"形关系，说明企业的 R&D 投入并非越高越好，需要保持在一个合理的投入水平，以取得最高的效率。②以总资产负债率衡量的债务融资水平能够反向调节 R&D 投入强度与企业业绩之间的非线性关系。在企业负债水平较低时，R&D 投入强度与企业业绩之间存在一种倒"U"形关系。但是在企业负债处于较高水平时，R&D 投入强度与企业业绩之间存在一种"U"形关系。说明提高企业债务融资水平，能够增强 R&D 投入的积极作用，提高投资效率。

7.2　政　策　建　议

基于本书主要研究结论，我们提出以下政策建议：

建议一：积极发展并建立与中小高科技企业发展和融资需求相匹配的融资体系。

发展与中小高科技企业适配的融资体系，能够引导社会资本流向创新领域，通过资源优化配置来分散或共担风险以促进技术创新。中小高科技企业因行业和发展阶段不同，在成长和创新研发过程中具有不同的特征和融资需求。因此，从金融发展促进技术创新的角度，为了引导社会资本投入创新研发领域，建议积极发展新三板市场以服务于中小企业融资，在提供权益融资的同时尽快引入与企业不同成长阶段特征和融资需求相匹配的资产证券化和可转债等债券融资产品，在帮助企业以低成本实现融资的同时通过合理设计做好投资者保护并平衡风险和收益关系，控制系统性风险。西方发达国家成熟金融市场的经验表明，围绕金融衍生品的金融创新活动，可在更大程度上发掘和利用金融资源，满足发行主体在特定时期的特定融资需求，极大地丰富金融市场的发展，提高资本配置效率。因此，本书建议我国资本市场管理者应在吸取次贷危机经验教训的基础上，根据我国具体国情建立高效的多层次资本市场体系，同时有计划、有步骤地推进债券类金融衍生品创新，以实现金融体系对科技创新的全方位支持，保障我国创新型国家战略和创新驱动经济发展的"新常态"的顺利实现。

建议二：做好研发资产证券化债券创新和风险管控机制的调研和前期准备工作，完善各层次资本市场的衔接制度。

中小高科技企业受限于高创新风险、信息不对称、公司治理机制不完善，目前债务融资比例较低，初创期中小高科技企业债务融资约束则更为严格。本书的研究表明，在高科技企业初创期以研发资产和未来预期收益作为支持构建研发资产证券化债券，在设计合理的支付结构前提下，将金融中介所得收益与其所构建资产池的收益和质量挂钩，按照事后所反映出来的信息给予支付，以此作为一种与投资者进行风险分担的创新性机制，可有效控制金融中介的道德风险，提高其筛选备选资产（以公司研发成果和公司信用做为支持）的努力，也能降低投资者风险和逆向选择行为，从而活跃债券交易市场。因此，本书建议：①改革目前资产证券化产品的契约形式，可以将目前的事前支付（即投资者在无资产信息前购买资产证券化债券并付款给承销机构）激励机制转变为事后支付（即投资者根据所购买的资产证券化债券发生违约的次数和时间点来决定支付何时与承销商结款以及结款数额）；②在创新资产证券化的激励方式和风险共担机制之前，做好前期论证和调研的准备工作，如向券商和投资者进行路演并做仿真测试；③各地股转市场可为新三板提供源源不断的初创企业资源，且新三板正在推行的分层机制也为金融中介的筛选工作提供了一定的方向，我国管理层应该制定股转市场与新三板之间的衔接和转板机制，降低企业的交易成本，为研发资产证券化债券提供更多的备选企业，提高融资效率。

建议三：制定并完善可转债的控制权转移制度，引导创新投资基金发挥积极作用。

专业的创新投资基金因其专业性，可通过对企业的监督和企业运行不良时对控制权的争夺而促进企业加快技术创新，在提高企业运行效率的同时也能够降低资本市场的投资失误。本书的研究表明，在企业进入高速成长期，企业价值实现高速增值时，允许企业通过可转换债券进行融资可以降低企业的融资成本，也可让投资者通过转股期权分享未来预期收益，而将控制权相机配置嵌入可转债则可进一步提高融资效率。因此，大力发展各种支持中小高科技企业创新的投资基金，能够在提供大笔资金的同时，通过控制权机制和机构自身的专业性来对企业履行一定的监督职责。鉴于此，本书建议：①我国新三板引入各种支持企业进行创新的投资基金，这对促进中小企业创新和科技成果转化为生产力而言具有至关重要的作用；②发挥政府对创新投资的引导作用，继续发展支持中小高科技企业创新的大型基金，引导社会资金和其他创新资源加快投资于国家战略新兴产业，提升企业创新能力；③制定并完善可转债的控制权转移制度，方便创新投资基金在必要时通过控制权转移机制来对中小高科技企业实施监督，提升企业的创新效率。④探索优质可转债发行企业与新三板转板制度相结合的制度可能性。优质的可转债发行企业有强劲的业绩来应对债务融资的刚性还本付息约束以及投资者的转股预期，而企业由新三板转板至更高层次的资本市场，将需要良好业绩作为支撑。

建议四：企业投入创新研发中的规模需要量力而行，在创新和业绩之间保持平衡，才能保证企业创新的良性发展。

R&D 作为构建企业核心竞争力和提升企业业绩的重要活动，但是过多的 R&D 投入并不一定带来持续的业绩增长，R&D 投入存在适度范围。作为高新技术中小企业的管理层和决策者，需根据其要实现的市场业绩或会计业绩权衡其研发投入水平。如果激励政策是以会计业绩为基础，企业的研发投入不宜太高。此外，管理层作为激励政策制订者，需要选择有利于创新活动的激励基准，基于市场业绩的激励政策不仅有利于企业加大 R&D 投入，而且还能促进企业付出更大的努力甄别出优质的研发投资项目，提高研发投资活动效率。

从研发创新的融资来源而言，在直接融资市场中的权益融资占比较小的现实条件下，发展企业债券市场对于高新技术企业而言显得至关重要。根据本书的研究结论，企业适度的提高企业负债水平能够调节 R&D 投入和企业业绩之间的关系，通过债务的激励约束效应来促使管理者付出更多努力，从而有助于提高企业经营效率。因此，如何引导高技术型企业的研发资金投入，最大限度地发挥 R&D 对业绩的提升作用，需要企业经营者根据企业的实际情况制定相应的研发战略。同时，全球经济一体化为我国企业带了机遇和挑战，国家自主创新发展战略也为高新技术型企业的研发活动提供了良好的政策环境，其中就包括多层次资本体系的建设，以满足广大中小企业尤其是高技术型中小企业的融资需求。由于 R&D 的高风险特性，使企业 R&D 融资主要依赖内源性融资，而外源性融资渠道的单一将极大制约企业的发展，在我国权益融资渠道受众较小的现实背景下，发展包括可转债、企业债等长期债务融资方式在内的符合我国特色的债券融资市场，对于解决高技术型企业的研发融资问题，将显得极为重要。

附录

附录 A：中小企业直接融资契约选择实验

1. 实验手册

（注意：请各位同学在实验过程中请单独决策，不要与周围同学沟通交流，谢谢大家配合）

您今天参加的实验是西安交通大学管理学院经济组织创新与控制实验室组织开展的实验研究。本实验将大约占用您 2 小时时间，我们将在实验结束后向您支付一定报酬，以感谢您的积极参与。同时，我们还将根据每局实验的分角色收益排名情况，对收益排名靠前的实验参与者给予价值 15 元的奖励（具体分配方式见实验收益计算部分），同时所有参与实验的同学都能获得 5 元的出场费。您最终获取报酬的多少将严格取决于您的决策质量和实验得益。并且，实验中您的得益排名情况还将在《高级管理学》课程的期末考试成绩上予以体现（占总成绩的 10%）。

请您根据自身利益最大化原则理性决策，实验过程中严禁相互交流，如有任何问题请举手咨询您身旁的实验指导员。为了确保实验的顺利进行，请您仔细阅读实验指导手册。

（1）实验背景

在现实的商业环境下，通俗地讲，我们一般都是把那些有商业点子或者项目，需要通过获取外部资金来实现自己的项目的一方称之为融资方；而把那些有资金却缺乏良好的项目来实现资金增值的一方称之为投资方。

现在假设有这么一家中小企业，这家企业是 2005 年成立的，年龄比较小，规模还不够大，但是这家企业所生产的主要产品，是一种能够更廉价地将地沟油转化为燃油的化学添加剂。在这个情境当中，这家生产添加剂的企业就是融资方，这家企业因为要扩大规模，生产更有效的添加剂，需要更多的资金，这个时候手头上有充足资金却在寻找投资项目的银行或者风投就是投资者。

在实验中,每组 3 个融资方 1 个投资方的情形,可以想象成 3 家生产添加剂的企业都在争取 1 家银行或者风投的资金,此时融资方处于竞争状态;每组 1 个融资方 3 个投资方的情形,可以想象成 1 家生产添加剂的企业,有 3 个手头上拥有资金的投资方,此时投资方处于竞争状态。

本实验中的企业(融资方)新上马的项目总共需要 1000 的资金,但是自己手头上只有 500,还需要从外部融资 500,而外部融资有几种基本的方式:债券、可转债和股票。这几种不同的融资方式代表的是不同的利益共享和风险分担方式。实验中假设项目实施周期为 1 年(这里简化起见,每一期实验过程都可以视作 1 年),如果是债券融资,则到期后企业要给投资方还本付息;如果是股权融资,则每期末双方将项目收益五五分成;如果是可转债融资,则可以在每年年末根据项目成败状态来选择转换与否(注:可转债全称为可转换公司债券。在目前国内市场,就是指在一定条件下可以被转换成公司股票的债券。可转债具有债权和期权的双重属性,其持有人可以选择持有债券到期,获取公司还本付息;也可以选择在约定的时间内转换成股票,享受股利分配或资本增值。所以投资界一般戏称,可转债对投资者而言是保证本金的股票)。

实验系统中的金融契约特征描述如下。

①债券期限为 1 年,债券利率为 10%。

②可转债契约年限也为 1 年;若选择可转债融资,在每年年末项目投资者决定是否对可转债执行转股期权(按初始出资比率,若执行转股则拥有 50% 股份)。因为只有 1 年的项目执行期,为简化起见,本研究不考虑可转债的回售和赎回特性,也不考虑可转债的利率,只简单在每期末让投资方具有根据项目成败来实行转换期权与否的权利(如果项目随机成败状态为成功,我们的实验后台默认为转为股权;若项目随机成败状态为失败,则我们的实验后台默认为不转股,而保持持有债券的形式计算收益)。

③若选择股票融资方式,则按照初始出资比,投融资双方各享有 50% 的收益。

(2)实验参与者的策略

①融资方的策略集合:融资方需要在每期期初根据自己拥有对项目所处自然状态的把握或者市场的竞争状态(融资方的多寡)来决定提供哪种融资契约,以尽可能地保证在融到资金的同时能保证自己的收益最大化。

②投资者需要在每期期初根据不同金融契约赋予您的现金流收益分配规则和影响项目收益的各项指标（如融资方是否具有私有信息、市场上投资方的多寡），来判断与您博弈的融资方的决策，以实现投资回报的最大化目标。

另外，在融资方提出可转债契约情境下，投资者还需要在项目结束之后根据项目成败状态决定是否执行转股期权（实验系统已经自动默认为：若项目成功则行使转换实现股权带来的更大收益，若项目失败则不行权，持有债券，即尽可能地保本，减少损失）。

（3）实验决策过程

实验总共分为6局，每局进行8—10期，分别模拟一种情境下投融资双方的决策行为。6局实验的情境如下（均可在实验界面看到）：

情境	融资方信息状态	组数	每组人员分配	期数
1	具有项目自然状态私有信息	18	1投资方1融资方	8
2	不具有项目自然状态私有信息	18	1投资方1融资方	8
3	具有项目自然状态私有信息	9	1投资方3融资方	10
4	不具有项目自然状态私有信息	9	1投资方3融资方	10
5	具有项目自然状态私有信息	9	3投资方1融资方	10
6	不具有项目自然状态私有信息	9	3投资方1融资方	10

每期实验参与者均完成以下过程：

①融资方选择愿意提供的融资契约（债券、股票、可转债）；

②投资方看到融资方提供的契约之后决定是否接受；

③计算双方收益并进入下一期。

（4）实验收益计算

①项目总共需要投入1000，融资方自有资金为500，需要外部融资500，即如果双方达成契约，则各出500；

②如果项目成功，则项目收益为2500；如果项目失败，则项目收益为500；

③如果融资方选择债券融资，投资方接受，则投资方在项目成功时获得本金和利息，融资方获得剩余收益；在项目失败时，由于破产投资方只能得到500的资金，而融资方得到0。

计算实例：假如在投融资双方一对一的情况下，融资方选择的是债券契约，而投资方也接受，若项目成功，则投资方获得的资金为 500 × (1 + 10%) = 550，融资方获得的资金为 2500 - 550 = 1950。

④如果融资方选择股权融资，则投融资双方收益按各自出资额度分配，即各占 50%；

计算实例：假如在投融资双方一对一的情况下，融资方选择的是股权契约，而投资方也接受，若项目成功，则投资方获得的资金为 2500 × 0.5 = 1250，融资方获得的资金为 2500 - 1250 = 1250。

⑤如果融资方选择股权融资的方式且投资方接受，而投资方在期末行使可转债的转换权，则按照出资双方的金额，各占 50% 的收益；若不行权，则按照债券收益计算方式，在项目成功时投资方获得本金和利息，在项目失败而破产时，投资方获得所有收益而融资方获得 0。

计算实例：假如在投融资双方一对一的情况下，融资方选择的是可转债契约，而投资方也接受，若项目失败，则系统默认投资方不转股，即继续持有债券，拥有清算权，投资方获得的资金为 500，融资方获得的资金为 0。

⑥若投资方拒绝了融资方提出的契约，则双方都获得 10 个保留收益。在多融资方的情形下，被选中的融资方参与收益分配，未被选中的融资方获得 10 个保留收益；在多投资方的情形下，如果有 N 个投资方都选择接受融资方提出的契约，则这 N 个投资方共享应该分配给投资方的收益，没有接受的投资方获得 10 个保留收益。

计算实例：假如在 3 投资方 1 融资方的情形下，融资方提出的是股票融资契约，而只有 2 个投资方接受，另外 1 个投资方拒绝。若项目成功，则融资方获得收益 1250，所有接受契约的投资方共享 1250 的收益，即每个接受股票契约的投资方在项目成功时可以获得 1250 ÷ 2 = 625 的收益。

⑦项目所处的好坏自然状态的概率均为 0.5，自然状态的好坏决定项目成败的概率项目成功或者失败都是由后天随机生成的，生成的概率则取决于项目所处的好坏状态。如果项目处于好的状态，则成功概率为 0.8，失败概率为 0.2；如果项目处于坏的自然状态，则成功概率为 0.2，失败的概率为 0.8。

⑧在融资方具有私有信息的实验局中，融资方可以知道项目所处的好坏状态，而投资方则不能；在融资方不具有私有信息的实验局中，投融资双方均不知道项目所处的好坏状态。

⑨实验奖励办法：考虑到每局实验每个同学扮演的角色可能不同，因此每

局实验我们都分别针对不同的角色进行奖励。奖励方式如表1所示：

表1

情境	融资方信息状态	人员分配	奖励方式
Ⅰ	具有项目自然状态私有信息	1投1融	投融资双方的前两名均奖励15
Ⅱ	不具有项目自然状态私有信息	1投1融	投融资双方的前两名均奖励15
Ⅲ	具有项目自然状态私有信息	1投3融	投资方第1名奖励15，融资方前3名各奖励15
Ⅳ	不具有项目自然状态私有信息	1投3融	投资方第1名奖励15，融资方前3名各奖励15
Ⅴ	具有项目自然状态私有信息	3投1融	融资方第1名奖励15，投资方前3名各奖励15
Ⅵ	不具有项目自然状态私有信息	3投1融	融资方第1名奖励15，投资方前3名各奖励15

另外，所有人均可以获得5出场费。

（5）实验参数和收益表

表2

选项	接受合同				拒绝合同
	好状态		坏状态		
	成功	失败	成功	失败	
债券融资合同					
投资方收益	550	500	550	500	10
融资方收益	1950	0	1950	0	10
股票融资合同					
投资方收益	1250	250	1250	250	10
融资方收益	1250	250	1250	250	10
可转债融资合同					
投资方收益	1250	500	1250	500	10
融资方收益	1250	0	1250	0	10

2. 实验程序（部分）

```
w = 1000;
wm = 500; we = 500;
vs = 2500; vf = 500;
r = 0.1; x = 0.5; y = 0.5;
pg = 0.5; pb = 0.5; pgs = 0.8; pgf = 0.2; pbs = 0.2; pbf = 0.8;
Dms = 550; Des = 1950; Dmf = 500; Def = 0;
Cms = 1250; Ces = 1250; Cmf = 500; Cef = 0;
Ems = 1250; Ees = 1250; Emf = 250; Eef = 250;
B = 10;

type = 0; studentID = 0;
state = 0; temp = 0;
ProfitM = 0; ProfitE = 0; TotalProfitM = 0; TotalProfitE = 0;
/* 以上变量分别为投资方 M 和融资方 E 的单期收益以及累积收益，其中 state 代表好坏, temp 代表成功与否 */
contract = 0;
choice = 0;
rand = 0;
sign_contract = 0;

if (Period > 1)
    {
        studentID = OLDsubjects.find(same(Subject), studentID);
    }

rand = random();
state = if(rand > 0.5, 1, 0);
/* 随机生成好或者坏的自然状态 */
Participate = if(type == 1, 1, 0); /* 仅融资方参与 */
if (type == 1)
```

```
      {
        state = find( same( Group) & type == 2, state);
      }/* 保证同一组内的双方处于同一个状态中 */

Participate = if( type == 2,1,0);/* 仅投资方参与 */
if ( state == 1)
        {
            temp = if( random( ) > 0.2,1,0);
        }
elsif( state == 0)
        {
            temp = if( random( ) > 0.8,1,0);
        }
if ( type == 1)
  {
    temp = find( same( Group) &type == 2, temp);
    choice = find( same( Group) &type == 2, choice);
    sign = if( choice == 1,1,0);
  }

if( type == 2)
  {
    sign = find( same( Group) &type == 1, sign);
  }

if( choice == 0)
{
  ProfitE = B;
  ProfitM = B;
}

if( type == 1)
{
```

```
        if ( choice == 1 )
         {
            if ( contract == 1 )
              {
                 if ( temp == 1 )
                   {
                    ProfitE = Des;
                   }
                 elsif ( temp == 0 )
                   {
                    ProfitE = Def;
                   }
              }
            elsif ( contract == 2 )
              {
                 if ( temp == 1 )
                   {
                    ProfitE = Ces;
                   }
                 elsif ( temp == 0 )
                   {
                    ProfitE = Cef;
                   }
              }
            elsif ( contract == 3 )
              {
                 if ( temp == 1 )
                   {
                    ProfitE = Ees;
                   }
                 elsif ( temp == 0 )
```

```
                    {
                        ProfitE = Eef;
                    }
                }
            }
        elsif ( choice == 0 )
            {
                ProfitE = B;
            }
        Profit = ProfitE;
    }

    if ( type == 2 )
    {
        ProfitE = 0;
    }

    if( type == 2 )
    {
        if ( choice == 1 )
            {
                if ( contract1 == 1 )
                    {
                        if ( temp == 1 )
                        {
                        ProfitM = Dms;
                        }
                        elsif ( temp == 0 )
                        {
                        ProfitM = Dmf;
                        }
                    }
```

```
            elsif ( contract1 == 2 )
              {
                if ( temp == 1 )
                  {
                    ProfitM = Cms;
                  }
                elsif ( temp == 0 )
                  {
                    ProfitM = Cmf;
                  }
              }
            elsif ( contract1 == 3 )
              {
                if ( temp == 1 )
                  {
                    ProfitM = Ems;
                  }
                elsif ( temp == 0 )
                  {
                    ProfitM = Emf;
                  }
              }
          }
      elsif ( choice == 0 )
        {
            ProfitM = B;
        }
      Profit = ProfitM;
  }

if ( type == 1 )
```

```
    }
        ProfitM = 0 ;
    }

TotalProfit = TotalProfit + Profit;
n = count( same( type ) ) ;
rank = count( same( type )  &  TotalProfit >  :TotalProfit) + 1 ;
```

附录 B：研发资产证券化融资契约的激励约束效应实验

1. 实验手册

（1）实验背景

假设一个高新技术性行业里有许多中小企业需要为公司筹集研发资金，但是因为抵押物少，很难从银行获得贷款。现在有这么一家大公司（金融中介），从多家高新技术中小企业中购买他们的研发资产，以这些研发资产所产生的现金流（比如研发活动所产生的专利，在保护期内有专利使用费）作为抵押，将这些资产纳入到自己的资金池中，根据资金池中的不同风险程度的资产进行组合，然后将这些组合产品打包卖给市场上的投资者，以此回笼资金并投入给这些高新技术中小企业。解决中小企业的融资难困境（资产证券化是以特定资产组合或特定现金流为支持，发行可交易证券的一种融资形式。传统的证券发行是以企业为基础，而资产证券化则是以特定的资产池为基础发行证券。是指将缺乏流动性的资产，转换为在金融市场上可以自由买卖的证券的行为，使其具有流动性）。

现在假设有 A_1 和 A_2 两种不同风险的资产，其中 A_1 是高风险高收益资产，A_2 是低风险低收益资产。模拟两种实验情境：

①单独销售债券。此时金融中介根据资产 A_1 和 A_2 现金流和风险状况分别单独发行债券 B_1 和 B_2。每种债券的发行量都是 100。中介提供这些债券给投资者

选择，投资者可以观察到这些债券的本金、利率、违约概率（即如果资产产生的现金流无法支付本息，则发生违约，而一旦发生违约，则投资者有权获取全部现金流），然后投资者决定是否购买中介发售出来的这些债券。而为了能对资产的现金流状况有较为准确的把握，金融中介需要在设计债券时付出一定的努力（以 0—1 之间的数值表示，值越大则表示越努力），该努力水平对投资者而言是不可观测也不可契约化的内容，努力水平与该资产各期的现金流有关（这是因为中介在选择构建债券资产时，付出更多努力进行甄别，则更有可能准确把握资产的质量并预测资产的现金流状况）。现金流直接决定该债券到期是否会违约，以及违约的概率有多大。即中介努力程度与违约概率相关，即付出较低努力时现金流较小，违约率会较高；而付出高努力时现金流较大，此时违约率较低。

②资产证券化债券。此时让资产 A_1 和 A_2 同时进入资产池，根据两种资产的比例（本实验中设定有高低 7∶3、5∶5 和 3∶7 三种情况）发行不同收益率和综合回收率的打包债券。这种债券与单独的债券相比，有着明显的区别。即在单独债券情形下，一旦现金流不足以还本付息，则一定发生违约。打包债券的特点是：高等级资产为低等级资产提供了信用增强功能，因为是两项资产同时进入资产池，一旦低（高）质量资产发生违约而高（低）质量资产没有违约，则高（低）质量资产所产生现金流可以补偿低（高）质量资产现金流的不足，确保以整个资产池为基础的债券具有比单个资产为基础的债券更低的违约率，从而为打包债券提供更稳定和更有保障的收益。

同样地，投资者可以观察到打包债券的本金、利率和违约累积状况，而违约概率则由于是两种资产现金流相互支持并提升信用的打包债券，因此会根据现金流实际情况加以区分。同样地，金融中介在设计和发售打包债券过程中需要付出一定努力，以对资产池中的现金流状况有较为准确的把握，该努力水平对投资者而言是不可观测也不可契约化的内容，努力水平与资产池中各资产在各期的现金流有关（这是因为中介在选择构建债券资产时，付出更多努力进行甄别，则更有可能准确把握资产的质量并预测资产的现金流状况）。中介努力程度与违约概率相关，即低努力时现金流较小，高违约；高努力时现金流较大，低违约。

（2）参数设定

①单独销售债券。本实验中的债券每期的本金均设定为 100，简便考虑，我们不考虑市场利率的变动。假设 B_1 的承诺利息为 10%，债券对应资产的本金为

100，中介努力水平为 x_1，违约率为 $e^{-1.5x_1}$；假设 B_2 的承诺利息为 5%，债券对应资产的本金为 100，中介努力水平为 x_2，违约率为 e^{-2x_2}。不管哪种债券，一旦发生违约，则说明产生的现金流不足以支持还本付息，因此设定一旦违约，则现金流全部归投资者所有，减少投资者损失。而中介在付出一定努力的同时，也会消耗一定成本，假设成本函数为 $C = x_1^2$。如果投资者选择不购买当期债券，保留收益取 4（保留收益可理解为不购买债券而把这些钱放在银行里，可以获取银行的固定利息）。两种债券的参数取值如表 3 所示。

表 3

资产	债券编号	本金	承诺利息	期限	违约率	努力成本	现金流
A_1	B_1	100	10%	1	$e^{-1.5x_1}$	$C = x_1^2$	$110 - 10e^{-1.5x} + 10random(\ )$
A_2	B_2	100	5%	1	e^{-2x_2}	$C = x_2^2$	$105 - 5e^{-2x} + 5random(\ )$

random 为 0—1 之间均匀分布函数。为了简化起见，实验每期期末均进行结算。本轮实验进行 10 期。

②资产证券化债券。假设 B_1 的承诺利息为 10%，债券对应资产的本金为 100，中介努力水平为 x_1，违约率为 $e^{-1.5x_1}$；假设 B_2 的承诺利息为 5%，债券对应资产的本金为 100，中介努力水平为 x_2，违约率为 e^{-2x_2}。中介在付出一定努力的同时，也会消耗一定的成本，假设成本函数为 $C = x^2$。如果投资者选择不购买当期债券，保留收益取 4。对于两种不同等级的债券，待资金池子里产生现金流后，先偿还 B_2 的利息，然后再偿还 B_1，最后如果还有剩余，则全部归中介所有。若资产发生违约，则先保障 B_2 持有者的本息，再保障 B_1 持有者的本息。

表 4

债券类别	资产编号	本金	承诺利息	违约率	努力成本	现金流
D_1	A_1—B_1	70	10%	$e^{-1.5x}$	x^2	$110 - 10e^{-1.5x} + 10random(\ )$
	A_2—B_2	30	5%	e^{-2x}		$105 - 5e^{-2x} + 5random(\ )$
D_2	A_1—B_1	50	10%	$e^{-1.5x}$	x^2	$110 - 10e^{-1.5x} + 10random(\ )$
	A_2—B_2	50	5%	e^{-2x}		$105 - 5e^{-2x} + 5random(\ )$
D_3	A_1—B_1	30	10%	$e^{-1.5x}$	x^2	$110 - 10e^{-1.5x} + 10random(\ )$
	A_2—B_2	70	5%	e^{-2x}		$105 - 5e^{-2x} + 5random(\ )$

random 为 0—1 之间均匀分布函数。为了简化起见，实验每期期末均进行结

算。本轮实验进行 10 期。

(3) 决策时序

单独发行债券和打包发行债券的决策时序基本一致，如下：

t = 0，系统初始化，分组，分配角色。说明该轮实验的情景，双方进入决策界面。

t = 1，中介投入努力水平。

t = 2，给投资者显示债券类型，投资者决定债券购买量。

t = 3，对中介显示现金流，根据现金流偿还状况显示是否违约。给投资者显示是否违约。给双方同时显示截止到当期的总违约次数。

t = 4，收益清算，给双方显示当期收益以及截止到当期的总收益。

t = 5，进入下一轮。

(4) 双方决策策略

①投资者策略。投资者在决定购买债券的数量时，需要根据显示的信息做出决策。当然，购买量的多少决定投资者的收益。因此，投资者需要结合债券的收益和违约情况、该债券前期违约累计次数来做出最大化自身收益的决定。

②中介的策略。中介的收益取决于投资者的购买量、债券收益和风险以及自身的努力水平（努力水平决定成本以及违约概率）。因此，中介需要根据债券基本情况、投资者的购买情况以及努力成本来决定自身的努力程度。

(5) 收益计算

收益计算均是指的各方的纯收益（即投资者要扣除投入的资金即购买量，中介要扣除支付给投资者和努力成本）。假设 default = 1 为违约；default = 0 为未违约。假设投资者购买量为 q。投资者收益为 W_I，金融中介收益为 W_M。金融中介只有在支付投资者之后，剩余的才分配给中介，因此：

①Treatment1：单独销售债券。高风险高收益债券 B_1。其中 $F_1 = 110 - 10e^{-1.5x} + 10random(\ )$

$$E(W_I) = \begin{cases} 10q(1 - e^{-1.5x})/100, & if\ default = 0 \\ qe^{-1.5x}(F_1 - 110)/100, & if\ default = 1 \end{cases}$$

$$E(W_M) = \begin{cases} q(1 - e^{-1.5x}) \times (F_1 - 110)/100 - x^2, & if\ default = 0 \\ -x^2, & if\ default = 1 \end{cases}$$

低风险低收益债券 B_2。其中 $F_2 = 105 - 5e^{-2x} + 5random(\ )$

$$E(W_I) = \begin{cases} 5q(1-e^{-2x})/100, & if\ default = 1 \\ qe^{-2x}(F_2-105)/100, & if\ default = 0 \end{cases}$$

$$E(W_M) = \begin{cases} q(1-e^{-2x}) \times (F_2-105)/100 - x^2, & if\ default = 0 \\ -x^2, & if\ default = 1 \end{cases}$$

F_1、F_2 分别为债券 B_1 和 B_2 当期随机产生的现金流。

②Treatment2：资产证券化债券。由于打包债券的支持资产中有两项，这两项资产所产生的现金流可以互为补充，起到增信作用，因此打包情况下债券的违约率无法用固定公式测算，而违约情况只与两项资产所产生的总现金流有关，假设 q 为投资者购买量，资产 A_1 在每期所产生现金流为 F_1，资产 A_2 在每期所产生现金流为 F_2。双方收益可以有如下表达式：

D_1——高风险：低风险 = 7 : 3，$F_1 = 0.7[110 - 10e^{-1.5x} + 10random(1)]$，$F_2 = 0.3[105 - 5e^{-2x} + 5random()]$。之所以有两个 random，是因为两种资产分别产生现金流。

$$W_I = \begin{cases} 0.085q(1-e^{-1.5x})(1-e^{-2x}), & if\ default = 0 \\ [q(F_1+F_2)/100 - 1.07q][(1-e^{-1.5x})e^{-2x} + e^{-1.5x}(1-e^{-2x}) + e^{-1.5x}e^{-2x}], & if\ default = 1 \end{cases}$$

$$W_M = \begin{cases} [q(F_1+F_2)/100 - 1.085q - x^2](1-e^{-1.5x})(1-e^{-2x}), & if\ default = 0 \\ -x^2[(1-e^{-1.5x})e^{-2x} + e^{-1.5x}(1-e^{-2x}) + e^{-1.5x}e^{-2x}], & if\ default = 1 \end{cases}$$

D_2——高风险：低风险 = 5 : 5

$$W_I = \begin{cases} 0.075q(1-e^{-1.5x})(1-e^{-2x}), & if\ default = 0 \\ [q(F_1+F_2)/100 - 1.05q][(1-e^{-1.5x})e^{-2x} + e^{-1.5x}(1-e^{-2x}) + e^{-1.5x}e^{-2x}], & if\ default = 1 \end{cases}$$

$$W_M = \begin{cases} [q(F_1+F_2)/100 - 1.075q - x^2](1-e^{-1.5x})(1-e^{-2x}), & if\ default = 0 \\ -x^2[(1-e^{-1.5x})e^{-2x} + e^{-1.5x}(1-e^{-2x}) + e^{-1.5x}e^{-2x}], & if\ default = 1 \end{cases}$$

D_3——高风险：低风险 = 3 : 7

$$W_I = \begin{cases} 0.065q(1-e^{-1.5x})(1-e^{-2x}), & if\ default = 0 \\ [q(F_1+F_2)/100 - 1.03q][(1-e^{-1.5x})e^{-2x} + e^{-1.5x}(1-e^{-2x}) + e^{-1.5x}e^{-2x}], & if\ default = 1 \end{cases}$$

$$W_M = \begin{cases} [q(F_1+F_2)/100 - 1.065q - x^2](1-e^{-1.5x})(1-e^{-2x}), & if\ default = 0 \\ -x^2[(1-e^{-1.5x})e^{-2x} + e^{-1.5x}(1-e^{-2x}) + e^{-1.5x}e^{-2x}], & if\ default = 1 \end{cases}$$

（6）其他说明

如您对本实验指导手册中的内容还不理解，请您举手询问实验指导员，他们将为您详细讲解！

2. 实验程序（部分）

资产证券化实验 z – Tree 实验程序（部分）

```
Participate = if(type == 1,1,0);
rand1 = random();
bond = if(rand1 > 0.5,1,0);
rand2 = random();
if(type == 1)
    {
        pm1 = OLDsubjects.find(same(Subject),pm);
        apm1 = OLDsubjects.find(same(Subject),apm);
        tpm1 = OLDsubjects.find(same(Subject),tpm);
        q1 = OLDsubjects.find(same(Subject),q);
    }/* pm1 is the former period gp of type1 */
Participate = if(type == 2,1,0);
if(type == 2)
    {
        bond = find(same(Group)&type == 1,bond);
        e = find(same(Group)&type == 1,e);
        rand2 = find(same(Group)&type == 1,rand2);
        rand1 = find(same(Group)&type == 1,rand1);
        pi1 = OLDsubjects.find(same(Subject),proi);
        tpi1 = OLDsubjects.find(same(Subject),tpi);
        api1 = OLDsubjects.find(same(Subject),api);
        pm1 = find(same(Group)&type == 1,pm1);
        tpm1 = find(same(Group)&type == 1,tpm1);
        apm1 = find(same(Group)&type == 1,apm1);
        q1 = find(same(Group)&type == 1,q1);
```

```
        }
    if( bond == 1 )
        {
            cf = 110 - 10 * exp( - 1.5 * e - 1 ) + 10 * rand2;
        }
    elsif( bond == 0 )
        {
            cf = 105 - 5 * exp( - 2 * e - 1 ) + 5 * rand2;
        }
    if( type == 1 )
        {
    q = find( same( Group) &type == 2, q) ;
        }
    if( type == 1&bond == 1 )
        {
            d = if( cf < 110, 1, 0) ;
        }
    elsif( type == 1&bond == 0 )
        {
            d = if( cf < 105, 1, 0) ;
        }
    if( type == 2 )
        {
            d = find( same( Group) &type == 1, d) ;
        }
    if( Period == 1 )
        {
            dn = d;
        }
    elsif( Period > 1 )
            {   dn = d + OLDsubjects. find( Subject == ;Subject, dn) ; }
```

```
        if( bond == 1 )
        {
          if( d == 1 )
            {
              if( type == 2 )
                {
                  proi = q * ( cf - 110 )/100;
                }
              elsif( type == 1 )
                {
                  pm = - c * e * e;
                }
            }
          elsif( d == 0 )
        {
            if( type == 2 )
                {
                  proi = 10 * q/100;
                }
            elsif( type == 1 )
                {
                  pm = q * ( cf - 110 )/100 - c * e * e;
                }
            }
        }
        elsif( bond == 0 )
        {   if( d == 1 )
              {
                if( type == 2 )
                  {
                    proi = q * ( cf - 105 )/100;
```

```
            }
          elsif( type == 1 )
            {
              pm = -c * e * e;
            }
        }
      elsif( d == 0 )
        {   if( type == 2 )
            {
              proi = 5 * q/100;
            }
          elsif( type == 1 )
            { pm = q * ( cf - 105 )/100 - c * e * e;}
        }
    }
  if( Period == 1 )
    { tpi = proi;
      tpm = pm;}
  elsif( Period > 1 )
    { tpi = proi + OLDsubjects. find( Subject == :Subject, tpi );
      tpm = pm + OLDsubjects. find( Subject == :Subject, tpm );}
  api = subjects. average( type == 2, proi );/* 计算平均收益 */
  apm = subjects. average( type == 1, pm );
```

附录 C：风险偏好测试问卷

请您从以下五个问题中依次选择您最偏好的选项：

问题 1：请选择

A：您将获得确定的 7 收入；

B：您将有 50% 的可能性获得 10 收入，另外有 50% 的可能性仅获得 2 收入。

问题 2：请选择

A：您将获得确定的 6 收入；

B：您将有 50% 的可能性获得 10 收入，另外有 50% 的可能性仅获得 2 收入。

问题 3：请选择

A：您将获得确定的 5 收入；

B：您将有 50% 的可能性获得 10 收入，另外有 50% 的可能性仅获得 2 收入。

问题 4：请选择

A：您将获得确定的 4 收入；

B：您将有 50% 的可能性获得 10 收入，另外有 50% 的可能性仅获得 2 收入。

问题 5：请选择

A：您将获得确定的 3 收入；

B：您将有 50% 的可能性获得 10 收入，另外有 50% 的可能性仅获得 2 收入。

附录 D：不同可转债契约激励约束效应实验

1. 实验手册

（1）参数设定

①假设一家高新技术企业正在进行一项新技术研发，需要从市场以发行标准公司债券或者可转债方式筹集 $K=100$ 的资金；可转债利率 $i_c=5\%$（目前市面上公司债利率为 6% 左右，同时因为可转债附带了转股期权，因此利率稍低，故设为 5%），若投资者决定清算，则此时仅获得清算价值；若投资者选择继续投入且不转股，则第二阶段末获得本息；若投资者选择继续投入且转股，则与企业家分享收益或者共担损失。

②企业家投入努力水平 e，投资者的投资分两阶段投入，第一阶段初始投入比例为 k（$0.3 \leq k < 1$，k 太小无法启动项目，为了分析方便，此处的 k 在充当第

一阶段投入比例的同时，也能反映投资者的监督水平，因为投入的资金越多，投资者当然会更加关注，付出更多的监督努力），第一阶段结束后披露自然状态信息 $\theta \in \{0,1\}$。

③股价（主要是为了后续触发条款的需要）由项目进展状态决定，设定基准价格 $P = 10$，而股价超过基准价格 30%（现实中可转债赎回或者回售价格通常为正股股价持续若干天高于转股价格 130%—200%，这里取一个最低值 30%）即可触发企业家回购，股价低于基准价格 30%，则可触发投资者回售：

$$P = \begin{cases} 10 + 6 random(\,)\,, & if\ \theta = 1 \\ 10 - 6 random(\,)\,, & if\ \theta = 0 \end{cases}$$

④投资者根据披露的自然状态信息 θ 以及对未来项目产出的预期，决定是终止项目进行清算还是继续投入剩余的 $100(1-k)$ 资金，这是对企业家的威胁点（Threat Point），决定企业家是否有收益以及收益大小。企业家和投资者的投入水平在两个阶段内不变，即如果投资者决定投入剩余资金，则在第二阶段，沿用第一阶段的 e 和 k。假定企业家的努力成本为 $C(e) = ce^2$，其中 $c = 100$。

⑤若投资者在第一阶段进行清算，按照 $\alpha = 0.5$ 的比例清算（由于资产专用性的限制以及折扣的原因，厂房和设备的清算价值要远低于初始价值），企业家获得的收益为 0，投资者获得全部初始投资的清算价值 $100k\alpha = 50k$；若投资者继续投入，到第二阶段末期项目研发项目的产出为 W，其中 W 是双方投入的二元函数，同时也要反映项目进展状况的好坏。假设 $S = 1$ 时，$W(e,k) = 160(1+k)e$；$S = 0$ 时，$W(e,k) = 80(1+k)e$（设定这个函数主要是为了实现双向激励的同时，也能反映项目进展状态对收益的影响，即当 e 和 k 均较大时或进展顺利时，才能保证 W 较大，项目实现收益；当 e 和 k 任意一方较小时或者进展不顺时，W 就有可能较小，项目就有可能亏损，而这一收益预期与前面 S 的影响因素是一致的）。

⑥实验总共分为 6 局，每局实验进行 6 期（36 人参加，总共每个实验局可获得 108 条数据）。若投资者选择在第二阶段投入剩余的资金，则一旦转股，默认 100 投资全部转股，因为企业家拥有研发技术，以技术入股，因此在转股后，虽然投资者投入了全部资金，但是公平起见，只按 $\tau = 0.5$ 的比例分享收益或者承担损失。

⑦Hart（1995）等认为，控制权的转移只能以债务人不能还本付息为条件，如果债务人能按约定还本付息，则债权人就不能谋求转移管理层所拥有的控制权，如果公司经营恶化或到期不能偿债，公司控制权就应从债务人转移到债权

人手中。控制权不能根据状态（如收入、利润水平等）相机转移，因为这些状态变量不可证实。但根据现代企业理论，公司的所有权处于状态依存，股东不过是"正常状态下的企业所有者"，企业处于不同的经营状况时，对应着不同的控制权安排。一般认为：在满足出资者的基本收益均衡的约束条件下，控制权交给经营者是最优的，否则，控制权应交给出资者；在动态的风险投资过程中，随着投资风险成本的降低，经营者将获得较多的控制权，当现金流足以支付无风险的债券收益时，经营者获得所有的控制权是最有效率的（Hart，2001）。因此，这里为了体现控制权，若在第一阶段，投资者决定决定清算，则投资者拥有控制权，此时企业家私有收益为0；若投资者决定继续投入，但是期末产出仍然不能还本付息，投资者拥有控制权，企业家私有收益仍然为0；若最终产出可以还本付息，则企业家拥有控制权，项目结束时企业家可获得控制权私人收益 $b=40$。

⑧企业家赎回是在 $T=1.25$ 时刻提前将投资者在 $T=1.5$ 时刻转股的权利进行回购，此时需要给予投资者一定的补偿，由于可转债利率为5%，因此本实验设定企业家的回购利率为 $i_B=20\%$（赎回价格一般是事先约定的，它一般为可转换公司债券面值的103%—106%，这里之所以设定为20%是因为如果设定的过低，则本契约对风险投资者而言与公司债相差无异；而利率设定过高则企业家失去了回购的意义。同时，现实中的赎回利率一般为票面利率的2—3倍）。

⑨投资者回售是在 $T=1.25$ 时刻提前将自身在 $T=1.5$ 时刻转股的权利回售给企业家，一般而言，在我国A股发行的可转债回售价格比市场利率确定的价格稍低，但比债券票面利率高，根据市场现存可转债回售利率，回售利率一般等于赎回利率。考虑到中小企业的特征，如果将回售利率定位高于票面利率，则回售条款失去了存在的意义；而高于票面价值但是低于票面利率，即能保证收回本金但是无法偿付足额利息，项目破产，回售条款同样失去存在的意义。现实中存在回售价格等同于票面价值的情形，因此本实验设定投资者回售利率为 $i_S=0$，即回售能保证投资者拿回本金（这里设定回售跟赎回价格的差异，也是为了表明，赎回情况下企业家应该给与投资者更多的补偿）。

（2）各实验局契约描述和收益计算

①简单可转债

a. 契约描述。在简单可转债情境下，初始化阶段企业家发行100可转债，第一阶段投资者投入 $100k$ 资金量，企业家投入努力水平为 e，为了分析方便，每期实现收益后可转债自然到期分配收益，即可转债发行周期为 1 年/期。若投资者在第二阶段继续投资且选择转股，则在收益分配时按照 $\tau=0.5$ 与企业家进行收益分配；若投资者在第二阶段继续投资但是并未转股，则在每期末按照债券（利率为 $i_c=5\%$）形式获得本息，扣除本息之后剩余收益归企业家所有。

双方签订融资契约，投资者投入100k，企业家投入努力水平e	第一阶段项目状态实现，配置控制权，投资者决定清算还是继续投入100(1−k)	若继续投资，投资者决定是否转股	产出W实现，在投资者和企业家之间分配收益
T=0	T=1	T=1.5	T=2

b. 收益计算

在 $T=1$ 时刻，若 $W-K(1-k) \leq K\alpha k$，即 $W \leq K\alpha k+K(1-k)$，说明第二阶段投资的未来收益小于终止项目的清算收益，此时投资者拥有控制权，其最优策略是选择终止并清算项目，这样将导致项目收益 W 无法实现，此时投资者获得清算收益 $K\alpha k$，而企业家收益为 0；

若 $K\alpha k+K(1-k)<W \leq K(1+i_c)$，则说明在 $T=2$ 时刻收益 W 无法满足对投资者的还本付息要求，投资者拥有控制权，其在 $T=1$ 时刻的最优策略是选择继续投资，在 $T=1.5$ 时刻选择不转股，并在 $T=2$ 时刻对项目进行破产清算，这样投资者获得全部收益 W，企业家获得收益 0；

若 $W>K(1+i_c)$ 但是 $\tau W \leq K(1+i_c)$，即 $K(1+i_c)<W \leq K(1+i_c)/\tau$，则说明项目产出能够满足还本付息要求，但是在 $T=2$ 时刻投资者的转股收益小于本息收益，此时企业家拥有控制权，而投资者的最优策略仍然是在 $T=1.5$ 时刻不转股，这样投资者在 $T=2$ 时刻获得收益 $K(1+i_c)$，而企业家则获得 $W-K(1+i_c)+b$；

若 $W>K(1+i_c)/\tau$，则说明在 $T=2$ 时刻投资者的转股收益大于本息收益，此时企业家获得控制权，而投资者在 $T=1$ 时刻的最优策略是选择继续投资，并在 $T=1.5$ 时刻选择转股，项目收益实现之后，投资者可获得收益为 τW，而企业家此时收益为 $(1-\tau)W+b$。经整理，投资者和企业家的收益分别为：

$$U_I = \begin{cases} Kk\alpha - Kk, & \text{if } W \leq K\alpha k+K(1-k) \\ W-K, & \text{if } K\alpha k+K(1-k)<W \leq K(1+i_c) \\ Ki_c, & \text{if } K(1+i_c)<W \leq K(1+i_c)/\tau \\ \tau W-K, & \text{if } W>K(1+i_c)/\tau \end{cases}$$

$$U_E = \begin{cases} -ce^2, & if\ W \leq K(1+i_C) \\ W - K(1+i_C) + b - ce^2, & K(1+i_C) < W \leq K(1+i_C)/\tau \\ (1-\tau)W + b - ce^2, & if\ W > K(1+i_C)/\tau \end{cases}$$

代入各参数值后，得到：

$$U_I = \begin{cases} -50k, & if\ W \leq 100 - 50k \\ W - 100, & if\ 100 - 50k < W \leq 105 \\ 5, & if\ 105 < W \leq 210 \\ 0.5W - 100, & if\ W > 210 \end{cases}$$

$$U_E = \begin{cases} -100e^2, & if\ W \leq 105 \\ W - 100e^2 - 65, & if\ 105 < W \leq 210 \\ 40 + 0.5W - 100e^2, & if\ W > 210 \end{cases}$$

②可赎回可转债——不带触发条款

a. 契约描述。可赎回可转债与简单可转债相比，唯一的不同在于 $T = 1.25$ 时刻，企业家可以决定是否赎回可转债。赎回依据则是根据信号来判断，若 $S = 1$，表明项目进展顺利，在 $T = 2$ 时刻项目收益大，此时赎回对企业家最有利，因此实验中设定一旦 $S = 1$，则执行赎回条款。否则不执行该条款。

双方签订融资契约，投资者投入$100k$，企业家投入努力水平e	第一阶段项目状态实现，配置控制权，投资者决定清算还是继续投入$100(1-k)$	企业家决定是否赎回	若继续投资且企业家不赎回，投资者决定是否转股	产出W实现，在投资者和企业家之间分配收益
$T=0$	$T=1$	$T=1.25$	$T=1.5$	$T=2$

b. 收益计算。在 $T = 1$ 时刻，若 $W \leq K\alpha k + K(1-k)$ 或者 $K\alpha k + K(1-k) < W \leq K(1+i_C)$ 时，由于项目收益无法保证还本付息，因此投资者获得控制权，此时投资者的最优策略与简单可转债情况一致，各方收益也一致。即 $W \leq K\alpha k + K(1-k)$ 时，投资者获得清算收益 $K\alpha k$，而企业家收益为 0；$K\alpha k + K(1-k) < W \leq K(1+i_C)$ 时，投资者获得全部收益 W，企业家获得私人收益 0；

$K(1+i_C) < W \leq K(1+i_C)/\tau$，此时可以还本付息，企业家拥有控制权，投资者的最优策略仍然是在 $T = 1.5$ 时刻不转股，这样投资者在 $T = 2$ 时刻获得收益 $K(1+i_C)$，而企业家则获得 $W - K(1+i_C) + b$；

$W > K(1+i_C)/\tau$ 且 $(1-\tau)W \geq W - K(1+i_B)$，即当 $K(1+i_C)/\tau < W \leq K(1+i_B)/\tau$ 时，企业家拥有控制权，$T = 2$ 时刻投资者的转股收益大于本息收益，但是由于企业家在投资者转股后得到的收益要大于企业家执行回购之后的收益，因

此在 $T=1.25$ 时刻企业家不会回购,此时投资者可获得收益为 τW,而企业家此时收益为 $(1-\tau)W+b$。

$(1-\tau)W<W-K(1+i_B)$ 即 $W>K(1+i_B)/\tau$ 时,企业家拥有控制权,在 $T=2$ 时刻执行回购的收益要高于投资者转股之后所得的收益,此时企业家将会执行回购。此时投资者收益为 $K(1+i_B)$,企业家收益为 $W-K(1+i_B)+b$。

经整理,投资者和企业家的收益分别为:

$$U_I = \begin{cases} Kk\alpha - Kk, & if\ W \leq K\alpha k + K(1-k) \\ W - K, & if\ K\alpha k + K(1-k) < W \leq K(1+i_C) \\ Ki_C, & if\ K(1+i_C) < W \leq K(1+i_C)/\tau \\ \tau W - K, & if\ K(1+i_C)/\tau < W \leq K(1+i_B)/\tau \\ Ki_B, & if\ W > K(1+i_B)/\tau \end{cases}$$

$$U_E = \begin{cases} -ce^2, & if\ W \leq K(1+i_C) \\ W - K(1+i_C) + b - ce^2, & if\ K(1+i_C) < W \leq K(1+i_C)/\tau \\ (1-\tau)W + b - ce^2, & if\ K(1+i_C)/\tau < W \leq K(1+i_B)/\tau \\ W - K(1+i_B) + b - ce^2, & if\ W > K(1+i_B)/\tau \end{cases}$$

代入各参数值后,得到:

$$U_I = \begin{cases} -50k, & if\ W \leq 100 - 50k \\ W - 100, & if\ 100 - 50k < W \leq 105 \\ 5, & if\ 105 < W \leq 210 \\ 0.5W - 100, & if\ 210 < W \leq 240 \\ 20, & if\ W > 240 \end{cases}$$

$$U_E = \begin{cases} -100e^2, & if\ W \leq 105 \\ W - 65 - 100e^2, & if\ 105 < W \leq 210 \\ 0.5W + 40 - 100e^2, & if\ 210 < W \leq 240 \\ W - 80 - 100e^2, & if\ W > 240 \end{cases}$$

③可赎回可转债——带触发条款

a. 契约描述。带触发条款的可赎回可转债与不带触发条款的相比,只有达到了触发条款限定的条件,企业家才可以回购可转债。若 $P \geq 10(1+30\%)=13$,表明项目进展顺利且自然状态好,在 $T=2$ 时刻项目收益大,此时赎回对企业家最有利,因此实验中设定一旦 $S=1$ 且 $P \geq 13$,则执行赎回条款,而一旦企业家赎回，投资者可以获得赎回价 $K(1+i_B)$。如果 $P<13$，则虽然收益会较好，但是由于股价没有达到触发价格，企业家无法执行回购条款。

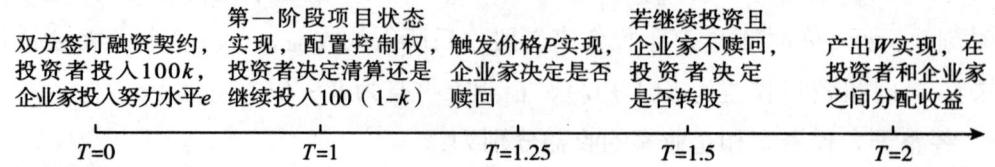

b. 收益计算

A. $P \geqslant 13$ 时，因为已经满足触发条款，此时企业家可以选择赎回，当然，也可以选择不赎回。此时收益计算与不带触发条款而随时可转的情形一致。

$$U_I = \begin{cases} -50k, & \text{if } W \leqslant 100-50k \\ W-100, & \text{if } 100-50k < W \leqslant 105 \\ 5, & \text{if } 105 < W \leqslant 210 \\ 0.5W-100, & \text{if } 210 < W \leqslant 240 \\ 20, & \text{if } W > 240 \end{cases}$$

$$U_E = \begin{cases} -100e^2, & \text{if } W \leqslant 105 \\ W-65-100e^2, & \text{if } 105 < W \leqslant 210 \\ 0.5W+40-100e^2, & \text{if } 210 < W \leqslant 240 \\ W-80-100e^2, & \text{if } W > 240 \end{cases}$$

B. $P<13$ 时，因为此时不满足触发条款，此时企业家无法赎回，收益计算与简单可转债情形一致。

$$U_I = \begin{cases} -50k, & \text{if } W \leqslant 100-50k \\ W-100, & \text{if } 100-50k < W \leqslant 105 \\ 5, & \text{if } 105 < W \leqslant 210 \\ 0.5W-100, & \text{if } W > 210 \end{cases}$$

$$U_E = \begin{cases} -100e^2, & \text{if } W \leqslant 105 \\ W-100e^2-65, & \text{if } 105 < W \leqslant 210 \\ 40+0.5W-100e^2, & \text{if } W > 210 \end{cases}$$

④可回售可转债——不带触发条款

a. 契约描述。可回售可转债与简单可转债相比，唯一的不同在于 $T=1.25$ 时刻，投资者可以将可转债回售给企业家。回售依据则是根据信号来判断，若

$S=1$，表明项目进展顺利，在 $T=2$ 时刻项目收益大，此时回售对投资者而言意味着将来可能转股的损失，此时不选择回售为最优，因此实验中设定一旦 $S=1$，则不执行回售条款；而一旦 $S=0$，则执行回售条款。

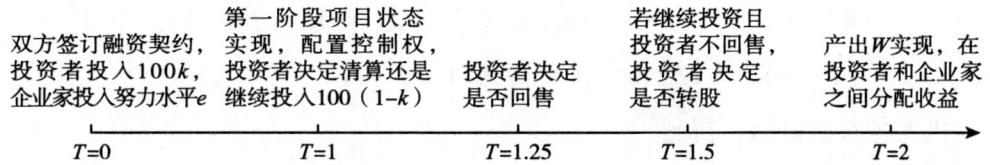

b. 收益计算。在 $T=1$ 时刻，若 $W \leq K\alpha k + K(1-k)$ 或者 $K\alpha k + K(1-k) < W \leq K(1+i_c)$ 时，由于项目收益无法保证还本付息，因此投资者获得控制权，此时投资者的最优策略与简单可转债情况一致，各方收益也一致。即 $W \leq K\alpha k + K(1-k)$ 时，投资者获得清算收益 $K\alpha k$，而企业家收益为 0；

$K\alpha k + K(1-k) < W \leq K$ 时，项目收益仍然不能还本付息，因此投资者仍然拥有控制权，其在 $T=1$ 时刻的最优策略是选择继续投资，在 $T=1.5$ 时刻选择不转股，并在 $T=2$ 时刻进行回售，这样投资者获得全部收益 K，企业家获得收益 $W-K$；

$K < W \leq K(1+i_c)$，项目产出无法还本付息，投资者拥有控制权，其在 $T=1$ 时刻的最优策略是选择继续投资，在 $T=1.5$ 时刻选择不转股，并在 $T=2$ 时刻进行破产清算，这样投资者获得全部收益 W，企业家获得收益 0；

$K(1+i_c) < W \leq K(1+i_c)/\tau$，此时可以还本付息，企业家拥有控制权，投资者的最优策略仍然是在 $T=1.5$ 时刻不转股，这样投资者在 $T=2$ 时刻获得收益 $K(1+i_c)$，而企业家则获得 $W-K(1+i_c)+b$；

$W > K(1+i_c)/\tau$，即当 $W > K(1+i_c)/\tau$ 时，企业家拥有控制权，$T=2$ 时刻投资者的转股收益大于本息收益，因此投资者在 $T=1.5$ 时刻的最优策略为转股，可获得收益为 τW，而企业家此时收益为 $(1-\tau)W + b$。

经整理，投资者和企业家的收益分别为：

$$U_I = \begin{cases} Kk\alpha - Kk, & if\ W \leq K\alpha k + K(1-k) \\ 0, & if\ K\alpha k + K(1-k) < W \leq K \\ W - K, & if\ K < W \leq K(1+i_c) \\ Ki_c, & if\ K(1+i_c) < W \leq K(1+i_c)/\tau \\ \tau W - K, & if\ W > K(1+i_c)/\tau \end{cases}$$

$$U_E = \begin{cases} -ce^2, & if\ W \leqslant K\alpha k + K(1-k) \\ W - K - ce^2, & if\ K\alpha k + K(1-k) < W \leqslant K \\ -ce^2, & if\ K < W \leqslant K(1+i_C) \\ W - K(1+i_C) + b - ce^2, & if\ K(1+i_C) < W \leqslant K(1+i_C)/\tau \\ (1-\tau)W + b - ce^2, & if\ W > K(1+i_C)/\tau \end{cases}$$

代入各参数值后，得到：

$$U_I = \begin{cases} -50k, & if\ W \leqslant 100 - 50k \\ 0, & if\ 100 - 50k < W \leqslant 100 \\ W - 100, & if\ 100 < W \leqslant 105 \\ 5, & if\ 105 < W \leqslant 210 \\ 0.5W - 100, & if\ W > 210 \end{cases}$$

$$U_E = \begin{cases} -100e^2, & if\ W \leqslant 100 - 50k \\ W - 100 - 100e^2, & if\ 100 - 50k < W \leqslant 100 \\ -100e^2, & if\ 100 < W \leqslant 105 \\ W - 65 - 100e^2, & if\ 105 < W \leqslant 210 \\ 0.5W + 40 - 100e^2, & if\ W > 210 \end{cases}$$

⑤可回售可转债——带触发条款

a. 契约描述。带触发条款的可回售可转债与不带触发条款的相比，只有达到了触发条款限定的条件，投资者才可以回售可转债。若 $P \leqslant 10(1-30\%) = 7$，表明项目进展不顺利，在 $T=2$ 时刻项目收益较差，此时回售对投资者最有利，因此实验中设定一旦 $S=0$ 且 $P \leqslant 7$，则执行回售条款，而一旦投资者回售，投资者可以获得本金。如果 $P > 7$，则虽然收益较差，但是由于股价没有达到触发价格，投资者执行回售条款。

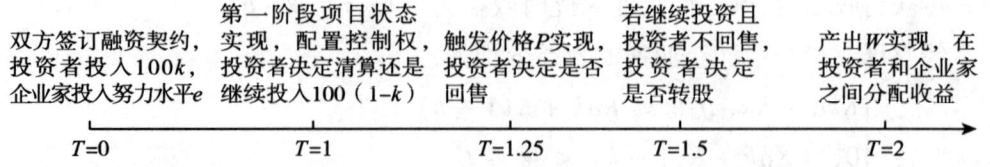

b. 收益计算：

A. $P \leqslant 7$ 时，因为已经满足触发条款，此时投资者可以选择回售，当然，也可以选择不回售。此时收益计算与不带触发条款而随时可回售的情形一致。

$$U_I = \begin{cases} -50k, & if\ W \leq 100 - 50k \\ 0, & if\ 100 - 50k < W \leq 100 \\ W - 100, & if\ 100 < W \leq 105 \\ 5, & if\ 105 < W \leq 210 \\ 0.5W - 100, & if\ W > 210 \end{cases}$$

$$U_E = \begin{cases} -100e^2, & if\ W \leq 100 - 50k \\ W - 100 - 100e^2, & if\ 100 - 50k < W \leq 100 \\ -100e^2, & if\ 100 < W \leq 105 \\ W - 65 - 100e^2, & if\ 105 < W \leq 210 \\ 0.5W + 40 - 100e^2, & if\ W > 210 \end{cases}$$

B. $P > 7$ 时，因为此时不满足触发条款，此时投资者无法回售，收益计算与简单可转债情形一致。

$$U_I = \begin{cases} -50k, & if\ W \leq 100 - 50k \\ W - 100, & if\ 100 - 50k < W \leq 105 \\ 5, & if\ 105 < W \leq 210 \\ 0.5W - 100, & if\ W > 210 \end{cases}$$

$$U_E = \begin{cases} -100e^2, & if\ W \leq 105 \\ W - 100e^2 - 65, & if\ 105 < W \leq 210 \\ 40 + 0.5W - 100e^2, & if\ W > 210 \end{cases}$$

⑥可赎回且可回售可转债——带触发条款

a. 契约描述。这种条款的特点在于，$T = 1.25$ 时刻，一旦投资者决定继续投资，则满足任何一方的触发条款时均可行权。而赎回和回售是根据价格信号和项目进展信号来决定。若 $S = 1$，表明项目进展顺利，在 $T = 2$ 时刻项目收益大，此时赎回对企业家最有利，因此实验中设定一旦 $S = 1$，则执行赎回条款。若 $S = 0$，表明项目进展不顺，在 $T = 2$ 时刻项目收益差，此时回售对投资者最有利。

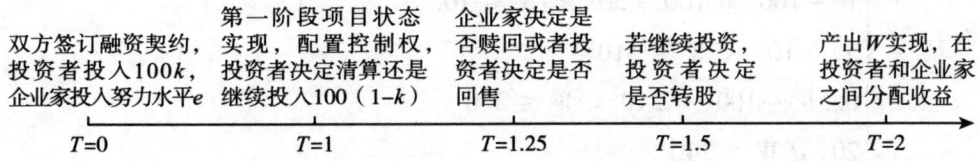

b. 收益计算：

A. $P \leqslant 7$ 时，因为已经满足回售触发条款，此时投资者可以选择回售，当然，也可以选择不回售。此时收益计算与不带触发条款而随时可回售的情形一致。

$$U_I = \begin{cases} -50k, & if\ W \leqslant 100 - 50k \\ 0, & if\ 100 - 50k < W \leqslant 100 \\ W - 100, & if\ 100 < W \leqslant 105 \\ 5, & if\ 105 < W \leqslant 210 \\ 0.5W - 100, & if\ W > 210 \end{cases}$$

$$U_E = \begin{cases} -100e^2, & if\ W \leqslant 100 - 50k \\ W - 100 - 100e^2, & if\ 100 - 50k < W \leqslant 100 \\ -100e^2, & if\ 100 < W \leqslant 105 \\ W - 65 - 100e^2, & if\ 105 < W \leqslant 210 \\ 0.5W + 40 - 100e^2, & if\ W > 210 \end{cases}$$

B. $7 < P < 13$ 时，因为此时不满足任何触发条款，此时投资者无法回售，企业家无法赎回，收益计算与简单可转债情形一致。

$$U_I = \begin{cases} -50k, & if\ W \leqslant 100 - 50k \\ W - 100, & if\ 100 - 50k < W \leqslant 105 \\ 5, & if\ 105 < W \leqslant 210 \\ 0.5W - 100, & if\ W > 210 \end{cases}$$

$$U_E = \begin{cases} -100e^2, & if\ W \leqslant 105 \\ W - 100e^2 - 65, & if\ 105 < W \leqslant 210 \\ 40 + 0.5W - 100e^2, & if\ W > 210 \end{cases}$$

C. $P \geqslant 13$ 时，因为此时触发赎回条款，此时企业家可以选择赎回，此时收益计算与不带触发条款而随时可转的情形一致。

$$U_I = \begin{cases} -50k, & if\ W \leqslant 100 - 50k \\ W - 100, & if\ 100 - 50k < W \leqslant 105 \\ 5, & if\ 105 < W \leqslant 210 \\ 0.5W - 100, & if\ 210 < W \leqslant 240 \\ 20, & if\ W > 240 \end{cases}$$

$$U_E = \begin{cases} -100e^2, & if\ W \leq 105 \\ W - 65 - 100e^2, & if\ 105 < W \leq 210 \\ 0.5W + 40 - 100e^2, & if\ 210 < W \leq 240 \\ W - 80 - 100e^2, & if\ W > 240 \end{cases}$$

2. 可转债实验 z – Tree 实验程序（部分）

（1）可转债实验 z – Tree 实验程序（部分）

```
Participate = if( type == 1,1,0);
if( type == 1)
    {
        gp1 = OLDsubjects. find( same( Subject), gp);
        pi1 = OLDsubjects. find( same( Subject), proi);
        tpi1 = OLDsubjects. find( same( Subject), tpi);
    }
Participate = if( type == 2,1,0);
if( type == 2)
    {
        gp1 = find( same( Group) &type == 1, gp1);
        pi1 = find( same( Group) &type == 1, pi1);
        tpi1 = find( same( Group) &type == 1, tpi1);
        k = find( same( Group) &type == 1, k);
    }
if( type == 2)
    {
        pm1 = OLDsubjects. find( same( Subject), pm);
        tpm1 = OLDsubjects. find( same( Subject), tpm);
    }
if( type == 1)
    {
        pm1 = find( same( Group) &type == 2, pm1);
        tpm1 = find( same( Group) &type == 2, tpm1);
```

```
        e = find(same(Group)&type == 2,e);
}
rand = random();
state = if(rand > 0.5,1,0);
if (type == 2)
    {
        rand = find(same(Group)&type == 1, rand);
        rand1 = find(same(Group)&type == 1, rand1);
        state = find(same(Group)&type == 1, state);
    }
if(state == 0)
    {
        price = 10 - 6 * rand1;
        gp = 80 * (1 + k) * e;
    }
elsif(state == 1)
    {
        price = 10 + 6 * rand1;
        gp = 160 * (1 + k) * e;
    }
```

①简单可转债收益计算及分配

```
if(gp < = 100 - 50 * k)
    {
        proi = - 50 * k;
        pm = - 100 * e * e;
    }
elsif(gp > 100 - 50 * k&gp < = 105)
    {
        proi = gp - 100;
        pm = - 100 * e * e;
    }
```

```
elsif( gp > 105&gp < = 210)
    {
      proi = 5;
      pm = gp - 100 * e * e - 65;
    }
elsif( gp > 210)
    {
      proi = 0.5 * gp - 100;
      pm = 40 + 0.5 * gp - 100 * e * e;
    }
```

②可赎回可转债收益计算和分配

```
if( gp < = 100 - 50 * k)
    {
      proi = - 50 * k;
   pm = - 100 * e * e;
    }
elsif( gp > 100 - 50 * k&gp < = 105)
    {
      proi = gp - 100;
      pm = - 100 * e * e;
    }
elsif( gp > 105&gp < = 210)
    {
      proi = 5;
      pm = gp - 100 * e * e - 65;
    }
elsif( gp > 210&gp < = 240)
    {
      proi = 0.5 * gp - 100;
      pm = 40 + 0.5 * gp - 100 * e * e;
    }
```

```
    elsif( gp > 240 )
        {
            proi = 20;
            pm = gp - 80 - 100 * e * e;
        }
continue = if( gp > 100 - 50 * k, 1, 0 );
if( type == 1 )
    {
        profit = proi;
    }
elsif( type == 2 )
    {
        profit = pm;
    }
if( Period == 1 )
        {   tpi = proi;
        tpm = pm; }
elsif( Period > 1 )
        {   tpi = proi + OLDsubjects. find( Subject == :Subject, tpi );
        tpm = pm + OLDsubjects. find( Subject == :Subject, tpm );    }
```

参考文献

[1] 陈晓红，刘剑．不同成长阶段下中小企业融资方式选择研究［J］．管理工程学报，2006（1）：1-6．

[2] 陈修德，彭玉莲，卢春源．中国上市企业技术创新与企业价值关系的实证研究［J］．科学学研究，2011，29（1）：138-146．

[3] 董志勇．实验经济学［M］．北京：北京大学出版社，2008．

[4] 何佳，夏晖．有控制权利益的企业融资工具选择［J］．经济研究，2005（4）：6-76．

[5] 解维敏，方红星．金融发展、融资约束与企业研发投入［J］．金融研究，2011（5）：171-183．

[6] 李大武．中小企业融资难的原因剖析及对策选择［J］．金融研究，2001（10）：124-131．

[7] 李志．银行结构与中小企业融资［J］．经济研究，2002，6：38-45．

[8] 李志赟．银行结构与中小企业融资［J］．经济研究，2002（06）：38-45，94．

[9] 林毅夫，李永军．中小金融机构发展与中小企业融资［J］．经济研究，2001，1（10）：10-18．

[10] 罗丹阳，殷兴山．民营中小企业非正规融资研究［J］．金融研究，2006（04）：142-150．

[11] 罗进辉，万迪昉．大股东持股对公司价值影响的区间特征［J］．数理统计与管理，2010（6）：1084-1095．

[12] 欧阳凌，欧阳令南．中小企业融资瓶颈研究——一个基于产权理论和信息不对称的分析框架［J］．数量经济技术经济研究，2004（4）：46-51．

[13] 任海云．股权结构与企业 R&D 投入关系的实证研究：基于 A 股制造业上市公司的数据分析［J］．中国软科学，2010（5）：126-135

[14] 史丹，李晓斌．高技术产业发展的影响因素及其数据检验［J］．中国

工业经济,2004,(12):32-39.

[15] 童盼,陆正飞. 负债融资,负债来源与企业投资行为 [J]. 经济研究,2005 (5):75-84.

[16] 童盼,陆正飞. 负债融资对企业投资行为影响研究:述评与展望 [J]. 会计研究,2005 (12):71-76.

[17] 万迪昉. 实验管理学 [M]. 北京:高等教育出版社,2005.

[18] 王铁山,冯宗宪. 跨国公司的文化差异及其对产品创新的影响机制研究 [J]. 中国科技论坛,2008 (8):25-29.

[19] 王燕. 价格规制合同设计中信息租金与配置效率的协调方式 [J]. 中国工业经济,2004 (08):62-67.

[20] 王燕妮. 高管激励对研发投入的影响研究——基于我国制造业上市公司的实证检验 [J]. 科学学研究,2011,29 (7):1071-1078.

[21] 吴祖光,万迪昉. 产权性质债务融资与盈余质量——来自我国制造业上市公司的经验证据 [J]. 经济管理,2011,33 (5):129-136.

[22] 谢刚. 基于控制权动态配置的可转债融资契约设计研究 [D]. 西安:西安交通大学,2006.

[23] 徐细雄,淦未宇,万迪昉. 企业控制权动态配置的内在机理及其治理效应——实验的证据 [J]. 经济科学,2008 (4):87-98.

[24] 徐细雄,万迪昉,淦未宇. 金融契约,决策权配置与管理者激励 [J]. 财经研究,2007,33 (6):133-143.

[25] 徐细雄,万迪昉,张雅慧. 金融契约与管理者激励——实验的证据 [J]. 管理科学学报,2008,11 (06):131-142.

[26] 徐细雄. 基于控制权动态配置的可转债契约对管理者激励约束效应的研究 [D]. 西安:西安交通大学,2007.

[27] 燕志雄,费方域. 信息成本与企业家的融资决策 [J]. 财经研究,2007 (02):132-143.

[28] 张其秀,冉毅,陈守明,王桂. 研发投入与企业业绩:股权制衡还是股权集中?——基于国有上市企业的实证研究 [J]. 科学学与科学技术管理,2012,33 (7):126-132.

[29] 周宗安,张秀锋. 中小企业融资困境的经济学描述与对策选择 [J]. 金融研究,2006 (2):152-158.

[30] Agarwal S, Chang Y, Yavas A. Adverse selection in mortgage securitization [J]. Journal of Financial Economics, 2012, 105 (3): 640 – 660.

[31] Aghion P, Bolton P. An incomplete contracts approach to financial contracting [J]. The review of economic Studies, 1992, 59 (3): 473 – 494.

[32] Alderson M J, Betker B L. Liquidation costs and accounting data [J]. Financial Management, 1996: 25 – 36.

[33] Allen F, Gale D. Financial Fragility, Liquidity and Asset Prices, Working Paper 01 – 37 [J]. NYU Working Paper No. S – FI – 03 – 07, 2003, 2 (6): 1015 – 1048.

[34] Allen F, Qian J, Qian M. Law, finance, and economic growth in China [J]. Journal of financial economics, 2005, 77 (1): 57 – 116.

[35] Anderhub V, Gächter S, Königstein M. Efficient contracting and fair play in a simple principal – agent experiment [J]. Experimental Economics, 2002, 5 (1): 5 – 27.

[36] Ang J S. Small business uniqueness and the theory of financial management [J]. Journal of small business finance, 1991, 1 (1): 1 – 13.

[37] Ashton R H, Kramer S S. Students as surrogates in behavioral accounting research: Some evidence [J]. Journal of Accounting Research, 1980: 1 – 15.

[38] Ayyagari M, Demirgüç – Kunt A, Maksimovic V. Formal versus informal finance: Evidence from China [J]. The Review of Financial Studies, 2010, 23 (8): 3048 – 3097.

[39] Baldry J C. Income tax evasion and the tax schedule: Some experimental results [J]. Public Finance = Finances publiques, 1987, 42 (3): 357 – 83.

[40] Bancel F, Mittoo U R. Why do European firms issue convertible debt? [J]. European Financial Management, 2004, 10 (2): 339 – 373.

[41] Becker R H, Speltz L M. Putting the Scurve concept to work [J]. Research Management, 1983, 26 (5): 31 – 33.

[42] Bencivenga V R, Smith B D, Starr R M. Transactions Costs, Technological Choice, and Endogenous Growth [J]. Journal of Economic Theory, 1995, 67 (1): 153 – 177.

[43] Benmelech E, Dlugosz J, Ivashina V. Securitization without adverse selec-

tion: The case of CLOs [J]. Journal of Financial Economics, 2012, 106 (1): 91-113.

[44] Berger A N, Udell G F. The economics of small business finance: The roles of private equity and debt markets in the financial growth cycle [J]. Journal of Banking & Finance, 1998, 22 (6): 613-673.

[45] Berglöf E. A control theory of venture capital finance [J]. Journal of Law, Economics, & Organization, 1994: 247-267.

[46] Black F, Cox J C. Valuing corporate securities: Some effects of bond indenture provisions [J]. The Journal of Finance, 1976, 31 (2): 351-367.

[47] Brandts J, Charness G. Do labour market conditions affect gift exchange? Some experimental evidence [J]. The Economic Journal, 2004, 114 (497): 684-708.

[48] Brennan M, Kraus A. Efficient financing under asymmetric information [J]. The Journal of Finance, 1987, 42 (5): 1225-1243.

[49] Bull C, Schotter A, Weigelt K. Tournaments and piece rates: An experimental study [J]. The Journal of Political Economy, 1987: 1-33.

[50] Bushee B J. The influence of institutional investors on myopic R&D investment behavior [J]. Accounting Review, 1998, 73 (3): 305-333.

[51] Cabrales A, Charness G, Villeval M C. Hidden information, bargaining power, and efficiency: an experiment [J]. Experimental Economics, 2011, 14 (2): 133-159.

[52] Casamatta C. Financing and advising: optimal financial contracts with venture capitalists [J]. The Journal of Finance, 2003, 58 (5): 2059-2086.

[53] Cefis E, Marsili O. Survivor: The role of innovation in firms' survival [J]. Research Policy, 2006, 35 (5): 626-641.

[54] Chakraborty A, Yilmaz B. Asymmetric information and financing with convertibles [J]. Rodney L. White Center for Financial Research Working Paper, 2003 (05-03).

[55] Chamberlin E H. An experimental imperfect market [J]. The Journal of Political Economy, 1948: 95-108.

[56] Chan S H, Martin J D, Kensinger J W. Corporate research and development

expenditures and share value [J]. Journal of Financial Economics, 1990, 26 (2): 255-276.

[57] Charness G, Dufwenberg M. Participation [J]. American Economic Review, 2011, 101 (4): 1211-1237.

[58] Chen Z W, Xiong P. The illiquidity discount in China [R]. International Center for Financial Research, Yale University, 2002.

[59] Chiappori P A, Salanié B. Testing for asymmetric information in insurance markets [J]. Journal of political Economy, 2000, 108 (1): 56-78.

[60] Cohen W M, Levinthal D A. Absorptive capacity: a new perspective on learning and innovation [J]. Administrative Science Quarterly, 1990: 128-152.

[61] Cole S, Kanz M, Klapper L. Incentivizing Calculated Risk-Taking: Evidence from an Experiment with Commercial Bank Loan Officers [J]. The Journal of Finance, 2014.

[62] Cooper D J, Kagel J H, Lo W. Gaming against managers in incentive systems: Experimental results with Chinese students and Chinese managers [J]. American Economic Review, 1999: 781-804.

[63] Cornelli F, Yosha O. Stage financing and the role of convertible securities [J]. The Review of Economic Studies, 2003, 70 (1): 1-32.

[64] Croson R. Why and how to experiment: Methodologies from experimental economics [J]. U. Ill. L. Rev., 2002: 921.

[65] Cui H, Mak Y T. The relationship between managerial ownership and firm performance in high R&D firms [J]. Journal of Corporate Finance, 2002, 8 (4): 313-336.

[66] Czarnitzki D, Hottenrott H. R&D investment and financing constraints of small and medium-sized firms [J]. Small Business Economics, 2011, 36 (1): 65-83.

[67] Czarnitzki D, Kraft K. Firm leadership and innovative performance: Evidence from seven EU countries [J]. Small Business Economics, 2004, 22 (5): 325-332.

[68] De Bettignies J E. Financing the entrepreneurial venture [J]. Management Science, 2008, 54 (1): 151-166.

[69] Dechow P M, Skinner D J. Earnings management: Reconciling the views of accounting academics, practitioners, and regulators [J]. Accounting Horizons, 2000, 14 (2): 235 – 250.

[70] Dessi R. Start – up finance, monitoring, and collusion [J]. RAND Journal of Economics, 2005: 255 – 274.

[71] Diamond D W. Financial intermediation and delegated monitoring [J]. The review of economic studies, 1984, 51 (3): 393 – 414.

[72] Dickhaut J W. Alternative information structures and probability revisions [J]. Accounting Review, 1973: 61 – 79.

[73] Dodd P, Warner J B. On corporate governance: A study of proxy contests [J]. Journal of financial Economics, 1983, 11 (1): 401 – 438.

[74] Dollar D, Hallward – Driemeier M, Shi A, Improving the investment climate in China [J]. Investment Climate Assessment: World Bank and International Finance Corporation, 2003.

[75] Donnelly C, Embrechts P. The devil is in the tails: actuarial mathematics and the subprime mortgage crisis [J]. Astin Bulletin, 2010, 40 (01): 1 – 33.

[76] Duffie D, Singleton K J. Credit risk: pricing, measurement, and management [M]. Princeton University Press, 2012.

[77] Dyckman J W. Social planning, social planners, and planned societies [J]. Journal of the American Institute of Planners, 1966, 32 (2): 66 – 76.

[78] Dyer D, Kagel J H, Levin D. A comparison of naive and experienced bidders in common value offer auctions: A laboratory analysis [J]. The Economic Journal, 1989, 99 (394): 108 – 115.

[79] Dyer D, Kagel J H, Levin D. A comparison of naive and experienced bidders in common value offer auctions: A laboratory analysis [J]. The Economic Journal, 1989: 108 – 115.

[80] Edquist C, McKelvey M D. The Swedish paradox: high R&D intensity without high – tech products [M]. Univ., 1994.

[81] Ejermo O, Kander A, Svensson Henning M. The R&D – growth paradox arises in fast – growing sectors [J]. Research Policy, 2011, 40 (5): 664 – 672.

[82] Falk A, Fehr E. Why labour market experiments? [J]. Labour Econom-

ics, 2003, 10 (4): 399 – 406.

[83] Falk A, Heckman J J. Lab experiments are a major source of knowledge in the social sciences [J]. science, 2009, 326 (5952): 535 – 538.

[84] Fehr E, Fischbacher U. Why social preferences matter – the impact of non – selfish motives on competition, cooperation and incentives [J]. The economic journal, 2002, 112 (478): C1 – C33.

[85] Fehr E, Kirchler E, Weichbold A, et al. . When social norms overpower competition: Gift exchange in experimental labor markets [J]. Journal of Labor economics, 1998, 16 (2): 324 – 351.

[86] Fehr E, Kirchsteiger G, Riedl A. Does fairness prevent market clearing? An experimental investigation [J]. The Quarterly Journal of Economics, 1993: 437 – 459.

[87] Fehr E, List J A. The hidden costs and returns of incentives—trust and trustworthiness among CEOs [J]. Journal of the European Economic Association, 2004, 2 (5): 743 – 771.

[88] Fernandez J M, Stein R M, Lo A W. Commercializing biomedical research through securitization techniques [J]. Nature biotechnology, 2012, 30 (10): 964 – 975.

[89] Fischbacher U, Fong C M, Fehr E. Fairness, errors and the power of competition [J]. Journal of Economic Behavior & Organization, 2009, 72 (1): 527 – 545.

[90] Fischbacher U. z – Tree: Zurich toolbox for ready – made economic experiments [J]. Experimental Economics, 2007, 10 (2): 171 – 178.

[91] Franke G, Krahnen J P. Default risk sharing between banks and markets: the contribution of collateralized debt obligations [M] //The Risks of Financial Institutions. University of Chicago Press, 2007: 603 – 634.

[92] Franko L G. Global corporate competition: Who's winning, who's losing, and the R&D factor as one reason why [J]. Strategic Management Journal, 1989, 10 (5): 449 – 474.

[93] Friedman D, Cassar A. Economics lab [J]. An intensive course in experimental economics, 2004.

[94] Friedman D, Sunder S. The Emergence of Experimental Economics [J].

Experimental Methods: A Primer for Economists, 1994.

[95] Fritsch M, Schilder D. Is venture capital a regional business? The role of syndication [R]. Freiberg working papers, 2006.

[96] Gale D, Hellwig M. Incentive-compatible debt contracts: The one-period problem [J]. The Review of Economic Studies, 1985, 52 (4): 647-663.

[97] Garcia-Fontes W. Small and medium enterprises financing in China [J]. Central Bank of Malaysia Working Paper, 2005.

[98] Ghosh S. Does R&D intensity influence leverage? Evidence from Indian firm-level data [J]. Journal of International Entrepreneurship, 2012, 10 (2): 158-175.

[99] Graham J R, Harvey C R. The theory and practice of corporate finance: Evidence from the field [J]. Journal of financial economics, 2001, 60 (2-3): 187-243.

[100] Grosskopf B. Reinforcement and directional learning in the ultimatum game with responder competition [J]. Experimental Economics, 2003, 6 (2): 141-158.

[101] Grossman S J, Hart O D. Corporate financial structure and managerial incentives [M]. The economics of information and uncertainty. University of Chicago Press, 1982: 107-140.

[102] Grossman S J, Hart O D. One share-one vote and the market for corporate control [J]. Journal of financial economics, 1988 (20): 175-202.

[103] Grunert J, Norden L. Bargaining power and information in SME lending [J]. Small Business Economics, 2012, 39 (2): 401-417.

[104] Guth W D, Ginsberg A. Guest editor's introduction: corporate entrepreneurship. Strategic Management Journal, 1990, 11 (5-6): 5-15.

[105] Guzman M G. Bank structure, capital accumulation and growth: a simple macroeconomic model [J]. Economic Theory, 2000, 16 (2): 421-455.

[106] Habib M A, Johnsen D B. The private placement of debt and outside equity as an information revelation mechanism [J]. Review of Financial Studies, 2000, 13 (4): 1017-1055.

[107] Hall B H, Lerner J. The financing of R&D and innovation [M]//Hand-

book of the Economics of Innovation. North – Holland, 2010 (1): 609 – 639.

[108] Hall B H. Investment and Research and Development at the Firm Level: Does the Source of Financing Matter [J]. Social Science Electronic Publishing, 1992.

[109] Hall B H. The financing of research and development [J]. Oxford review of economic policy, 2002, 18 (1): 35 – 51.

[110] Hall B H. The stock market's valuation of R&D investment during the 1980's [J]. The American Economic Review, 1993, 83 (2): 259 – 264.

[111] Hall G C, Hutchinson P J, Michaelas N. Determinants of the capital structures of European SMEs [J]. Journal of Business Finance & Accounting, 2004, 31 (5 – 6): 711 – 728.

[112] Harbring C, Irlenbusch B. An experimental study on tournament design [J]. Labour Economics, 2003, 10 (4): 443 – 464.

[113] Hart O, Moore J. Property Rights and the Nature of the Firm [J]. Journal of political economy, 1990: 1119 – 1158.

[114] Hart O. Financial contracting [J]. Journal of economic Literature, 2001, 39 (4): 1079 – 1100.

[115] Hartman – Glaser B, Piskorski T, Tchistyi A. Optimal securitization with moral hazard [J]. Journal of Financial Economics, 2012, 104 (1): 186 – 202.

[116] Hellmann T, Murdock K, Stiglitz J E. Financial restraint: toward a new paradigm [J]. The role of government in East Asian economic development: Comparative institutional analysis, 1997: 163 – 207.

[117] Hofstedt T R. Some behavioral parameters of financial analysis [J]. Accounting Review, 1972: 679 – 692.

[118] Holmes S, Kent P. An empirical analysis of the financial structure of small and large Australian manufacturing enterprises [J]. Journal of small business finance, 1991, 1 (2): 141 – 154.

[119] Houghton K A, Hronsky J J F. The sharing of meaning between accounting students and members of the accounting profession [J]. Accounting & Finance, 1993, 33 (2): 131 – 147.

[120] Howorth C A. Small firms' demand for finance: A research note [J]. International Small Business Journal, 2001, 19 (4): 78 – 86.

［121］Hsieh P H, Mishra C S, Gobeli D H. The return to R&D versus capital expenditures in pharmaceutical and chemical industries［J］. IEEE Transactions on Engineering Management, 2003, 50 (2): 141 – 149.

［122］Inderst R, Müller H M. The effect of capital market characteristics on the value of start – up firms［J］. Journal of Financial Economics, 2004, 72 (2): 319 – 356.

［123］Isagawa N. Callable convertible debt under managerial entrenchment［J］. Journal of Corporate Finance, 2002, 8 (3): 255 – 270.

［124］Isagawa N. Convertible debt: An effective financial instrument to control managerial opportunism［J］. Review of Financial Economics, 2000, 9 (1): 15 – 26.

［125］Isagawa N. Managerial opportunism and capital structure adjustments: equity – for – debt swap and convertible debt［J］. International Review of Finance, 2002 (3): 53 – 69.

［126］Jensen M C, Meckling W H. Theory of the firm: Managerial behavior, agency costs and ownership structure［J］. Journal of financial economics, 1976, 3 (4): 305 – 360.

［127］Kachelmeier S J, King R R. Using laboratory experiments to evaluate accounting policy issues［J］. Accounting Horizons, 2002, 16 (3): 219 – 232.

［128］Kirschenmann K, Norden L. The relation between borrower risk and loan maturity in small business lending［J］. Working Paper, 2008.

［129］Lambert R A, Leuz C, Verrecchia R E. Information asymmetry, information precision, and the cost of capital［J］. Review of Finance, 2011, 16 (1): 1 – 29.

［130］Landier A, Thesmar D. Financial contracting with optimistic entrepreneurs［J］. The Review of Financial Studies, 2008, 22 (1): 117 – 150.

［131］Lazear E P. The power of incentives［J］. American Economic Review, 2000: 410 – 414.

［132］Lin B W, Lee Y, Hung S C. R&D intensity and commercialization orientation effects on financial performance［J］. Journal of Business Research, 2006 (59): 679 – 685

［133］List J A. Does Market Experience Eliminate Market Anomalies?［J］. The Quarterly Journal of Economics, 2003, 118 (1): 41 – 71.

[134] Liyanarachchi G A, Milne M J. Comparing the investment decisions of accounting practitioners and students: an empirical study on the adequacy of student surrogates [C] //Accounting Forum. Elsevier, 2005, 29 (2): 121 – 135.

[135] Locke E A. Generalizing from laboratory to field settings: Research findings from industrial – organizational psychology, organizational behavior, and human resource management [M]. Free Press, 1986.

[136] Lopez – Gracia J, Aybar – Arias C. An empirical approach to the financial behaviour of small and medium sized companies [J]. Small Business Economics, 2000, 14 (1): 55 – 63.

[137] Lucas Jr R E. On the mechanics of economic development [J]. Journal of Monetary Economics, 1988, 22 (1): 3 – 42.

[138] Malamud S, Rui H, Whinston A. Optimal incentives and securitization of defaultable assets [J]. Journal of financial economics, 2013, 107 (1): 111 – 135.

[139] Malekan S, Dionne G. Securitization and optimal retention under moral hazard [J]. Journal of Mathematical Economics, 2014 (55): 74 – 85.

[140] Mayers D. Why firms issue convertible bonds: the matching of financial and real investment options [J]. Journal of Financial Economics, 1998, 47 (1): 83 – 102.

[141] McKinnon R I. Money and capital in economic development [M]. Brookings Institution Press, 1973.

[142] Mestelman S, Feeny D. Does ideology matter: Anecdotal experimental evidence on the voluntary provision of public goods [J]. Public Choice, 1988, 57 (3): 281 – 286.

[143] Michelacci C, Suarez J. Business Creation and the Stock Market [J]. General Information, 2004, 71 (2): págs. 459 – 481.

[144] Mock T J. Comparative values of information structures [J]. Journal of Accounting Research, 1969: 124 – 159.

[145] Morck R, Nakamura M. Banks and Corporate Control in Japan [J]. Journal of Finance, 1999, volume 54 (1): 319 – 339 (21).

[146] Morck R, Shleifer A, Vishny R W. Management ownership and market valuation: An empirical analysis [J]. Journal of Financial Economics, 1988 (20): 293 – 315.

[147] Mulherin J H, Poulsen A B. Proxy contests and corporate change: implications for shareholder wealth [J]. Journal of Financial Economics, 1998, 47 (3): 279 – 313.

[148] Müller E, Zimmermann V. The importance of equity finance for R&D activity [J]. Small Business Economics, 2009, 33 (3): 303 – 318.

[149] Myers S C, Majluf N S. Corporate financing and investment decisions when firms have information that investors do not have [J]. Journal of financial economics, 1984, 13 (2): 187 – 221.

[150] Nalbantian H R, Schotter A. Productivity under group incentives: An experimental study [J]. The American Economic Review, 1997: 314 – 341.

[151] Ohlsson L, Vinell L. Tillväxtens drivkrafter: en studie av industriers framtidsvillkor [M]. Sveriges Industriförb, 1987.

[152] O'Sullivan M. The innovative enterprise and corporate governance [J]. Cambridge Journal of Economics, 2000, 24 (4): 393 – 416.

[153] Parlour C A, Plantin G. Loan sales and relationship banking [J]. The Journal of Finance, 2008, 63 (3): 1291 – 1314.

[154] Petersen B C, Carpenter R E. Is the Growth of Small Firms Constrained by Internal Finance? [J]. Review of Economics & Statistics, 2002, 84 (2): 298 – 309.

[155] Plott C R, Porter D P. Market architectures and institutional testbedding: An experiment with space station pricing policies [J]. Journal of Economic Behavior & Organization, 1996, 31 (2): 237 – 272.

[156] Plott C R. Industrial organization theory and experimental economics [J]. journal of Economic Literature, 1982, 20 (4): 1485 – 1527.

[157] Rajan U, Seru A, Vig V. The failure of models that predict failure: distance, incentives and defaults [J]. Chicago GSB Research Paper, 2010 (08 – 19).

[158] Revest V, Sapio A. Financing technology – based small firms in Europe: what do we know? [J]. Small Business Economics, 2012, 39 (1): 179 – 205.

[159] Romer P M. Increasing returns and long – run growth [J]. The Journal of Political Economy, 1986, 94 (5): 1002 – 1037.

[160] Roth A E, Prasnikar V, Okuno – Fujiwara M, et al.. Bargaining and market behavior in Jerusalem, Ljubljana, Pittsburgh, and Tokyo: An experimental study

[J]. The American economic review, 1991: 1068 – 1095.

[161] Santos F M. A positive theory of social entrepreneurship [J]. Journal of business ethics, 2012, 111 (3): 335 – 351.

[162] Schmidt K M. Convertible securities and venture capital finance [J]. The Journal of Finance, 2003, 58 (3): 1139 – 1166.

[163] Schumpeter J A. Entrepreneurship as Innovation [J]. Social Science Electronic Publishing, 2013.

[164] Schumpeter J. The Theory of Economic Development [J]. European Heritage in Economics & the Social Sciences, 1934: 61 – 116.

[165] Seifert B, Gonenc H. Creditor rights and R&D expenditures [J]. Corporate Governance: An International Review, 2012, 20 (1): 3 – 20.

[166] Selten R, Mitzkewitz M, Uhlich G R. Duopoly strategies programmed by experienced players [J]. Econometrica: Journal of the Econometric Society, 1997: 517 – 555.

[167] Shaw E S. Financial deepening in economic development [M]. New York: Oxford University Press, 1973.

[168] Smith V L, Suchanek G L, Williams A W. Bubbles, crashes, and endogenous expectations in experimental spot asset markets [J]. Econometrica: Journal of the Econometric Society, 1988: 1119 – 1151.

[169] Smith V L. An experimental study of competitive market behavior [J]. The Journal of Political Economy, 1962: 111 – 137.

[170] Smith V L. Economics in the Laboratory [J]. The Journal of Economic Perspectives, 1994: 113 – 131.

[171] Smith V L. Experimental economics: Induced value theory [J]. The American Economic Review, 1976: 274 – 279.

[172] Stein J C. Convertible bonds as backdoor equity financing [J]. Journal of Financial Economics, 1992, 32 (1): 3 – 21.

[173] Stiglitz J E, Weiss A. Credit rationing in markets with imperfect information [J]. The American economic review, 1981: 393 – 410.

[174] Stopford J M, Baden – Fuller C W F. Creating corporate entrepreneurship [J]. Strategic Management Journal, 1994, 15 (7): 521 – 536.

［175］Tourigny D, Le C D. Impediments to innovation faced by Canadian manufacturing firms［J］. Economics of Innovation and New Technology, 2004, 13 (3): 217 – 250.

［176］Townsend R M. Optimal contracts and competitive markets with costly state verification［J］. Journal of Economic theory, 1979, 21 (2): 265 – 293.

［177］Uchida H. Empirical determinants of bargaining power［J］. Available at SSRN 954534, 2006.

［178］Vauhkonen J. Financial contracts and contingent control rights［J］. Bank of Finland Discussion Paper, 2003 (14).

［179］Wartick M L, Madeo S A, Vines C C. Reward dominance in tax – reporting experiments: The role of context［J］. Journal of the American Taxation Association, 1999, 21 (1): 20 – 31.

［180］Williamson O E. Corporate Finance and Corporate Governance［J］. Journal of Finance, 1988, 43 (3): 567 – 591.

［181］Williamson S D. Costly monitoring, loan contracts, and equilibrium credit rationing［J］. The Quarterly Journal of Economics, 1987: 135 – 145.

［182］Wu S Y, Wu A. Information asymmetry, bargaining power and customer profitability: An empirical investigation on bank – client relationship［C］//AAA 2008 MAS meeting paper. 2007.

［183］Yavas A, Miceli T J, Sirmans C F. An experimental analysis of the impact of intermediaries on the outcome of bargaining games［J］. Real Estate Economics, 2001, 29 (2): 251 – 276.

［184］Yavas A, Sirmans C F. Real options: Experimental evidence［J］. The Journal of Real Estate Finance and Economics, 2005, 31 (1): 27 – 52.

［185］Yeh M L, Chu H P, Sher P J. R&D intensity, firm performance and the identification of the threshold: fresh evidence from the panel threshold regression model［J］. Applied Economics, 2010, 42 (3): 389 – 401.

［186］Zhang Y, Rajagopalan N. Once an outsider, always an outsider? CEO origin, strategic change, and firm performance［J］. Strategic Management Journal, 2010, 31 (3): 334 – 346.